Wilhelm Jensen

Nach hundert Jahren - Ein Roman aus neuester Zeit

Wilhelm Jensen

Nach hundert Jahren - Ein Roman aus neuester Zeit

ISBN/EAN: 9783743499447

Hergestellt in Europa, USA, Kanada, Australien, Japan

Cover: Foto ©ninafisch / pixelio.de

Manufactured and distributed by brebook publishing software (www.brebook.com)

Wilhelm Jensen

Nach hundert Jahren - Ein Roman aus neuester Zeit

Nach hundert Jahren.

Ein Roman aus neuester Zeit

von

Wilhelm Jensen.

Erster Band.

Schwerin i. M.
A. Hildebrand's Verlag.
1874.

Nach hundert Jahren.

1870.

Im braunen Felde glänzt als letzter Stern
Maßlieb und Winde. In den Lüften irrt
Ein dürres Blatt nnd knistert in den Staub.
Die Wandervögel zieh'n von Ast zu Ast,
Schräg steht die müde Sonne überm Wald,
Und fern am Rand des Himmels thürmt Gewölk
Sich dämmernd auf. Wie stiller Abschied klingt's
Vom grauen Eichenforst, es weht durch's Gras,
Und wie ein liebes Auge, das der Tod
Verschleiernd überzieht, bedeckt mit Dunst
Sich falb des Aethers Blau und ruft die Nacht.
Nun kommt der Winter.

          .

          Als dies Laub noch grün,
Als noch die wilde Rose glüht' am Hag,
Als noch der Kuknk rief, und Sommernacht

Ihr süß Geheimniß wob um Wald und Haus,
Da sah manch liebes Aug' noch ahnungslos
Von hier hinaus — von dort — von wo du stehst.
Hier lauschte manches Ohr dem Wachtelruf,
Von mildem Süd und Blumenduft berauscht;
Der Sterne Räthsel wog manch sinnend Haupt,
Des Mittags Glüh'n, des Waldes Einsamkeit,
Manch schneller Pulsschlag ging hier durch die Nacht,
Und mancher Traum, den fern von hier der Tod
Verschleiernd überzog. Wie Blumentod,
Mit eines Sommers Laub erblüht, verblüht —
Nun kommt der Winter.

        Grau, ein Nebelmeer
Gespenstisch breitend, wo die Sichel schnitt.
Allein die Ernte schau'n die Schnitter nicht,
Die ihre Hand vollbracht. Selbst Garben gleich,
Gemäht im Lenz, eh' sich die Aehre senkt,
Bedecken sie das Feld. Und drüber deckt
Der Winter flockig sein verhüllend Tuch.
Ein weißes Laken, kalt, gemeinsam, starr,
Ein Bett, an dem kein Hahnschrei weckend tönt,
Ein Schlaf, wie selbst die Erd' ihn schläft, sobald
Der Winter kommt.

Er kommt und legt sich still
Auf jedes deutsche Haus. Er dringt hinab
In jede Brust und stockt mit frostigem Griff
Des Lebens warmen Quell; nur Thränen läßt
Er an der Wimper, gleich wie Reif am Zweig.
Doch auf dem Flur, der hell vom Lachen sonst
Der Kinder scholl, weht stumm sein Elfeshauch.
Im Wohngemach erstickt er lauten Ton,
Auf jedem Lippenrand, der zuckend schwelgt.
Still ist der Markt, die Gasse; stille selbst
Der Brunnen, der gesprächige, und nur
Sein Wasser plätschert ruhlos noch wie sonst.
Und ruhlos horcht das Ohr dem rauschenden,
Schreckhaft wie durch die Gassenstille tönt's
Durchs bange Herz, das auch der Ruhe fremd
Und zwischen Hoffnung, Bangen, Trost und Angst
Ein armer Spielball jeder Stunde fliegt.
Da hallt der Tritt, und die Gewißheit kommt —
Der Fuß springt auf, weit aus einander starrt
Die Wimper, und das ungesproch'ne Wort
Holt sie entsetzlich mit dem Blick vorauf — —
Und Winter ist's.

      Und doch, die Sonne läßt
Ihr ewig Recht nicht. Ob zu Wällen auch

Sich um die Gräber aufthürmt Eis und Schnee
Und ihren Schlaf in frostigen Todes Bann
Zu steter Dauer kalt zu fesseln strebt,
Die Sonne übt des Lebens ewiges Recht.
Und, leis beginnend, küßt ihr Strahl den Saum
Der harten Scholle, küßt ihn mild und lind
Und zieht die starre Decke von dem Haupt
Der Schläfer ab. Dann ruft sie ihr Gefolg
Unsterblich aus dem Schooß der Erd' herauf.
Mit Hoffnungsgrün umwindet liebreich sie
Die stille Ruhestatt; es weht das Gras,
Aus Blüthenkelchen steigt's mit süßem Duft,
Hoch tönt des Kukuks Ruf, der Mittag glüht,
Und aus der Tiefe schwebt begrab'ner Traum,
Unsterblich auch, und schleicht sich in das Herz,
Das sinnend auf dem Hügel ruht, und geht
Als schneller Pulsschlag wieder durch die Nacht —
Und wieder Frühling ist's.

            Ist's hier und dort.
Denn auf der weiten Erde ward ihm Macht,
Wo Leben weilt; es bleibt ihm unterthan.
Und weichen muß der Gram ihm, muß das Leid
Vor seinem Götterblick, wie Eis und Schnee.

Er küßt die Thräne fort, wie Reif vom Zweig,

Mit Lachen wieder füllt den Kindermund,

Den frohen, er und giebt das tröstende

Gedächtnißwort der Lippe. Er befreit

Von ihren bleichen Schatten Haus und Markt,

Und seines neuen Lebens Hoffnungsgrün

Flicht er um Herz und Haupt auch. Denn es stand

In Häupten seiner Wiege ihm die Zeit,

Die ewige Mutter, die auf jede Noth,

Auf jeden Jammer ihrer Kinder all'

Die Mutterhand, die kummerglättende,

Sanft lächelnd deckt. Vergessen nicht, Verschmerzen,

Das ist die Himmelsmitgift unsrer Herzen.

Erstes Buch.

Sommerstille.

Ein Mann in vorgerückten Jahren lenkte einen bequemen Wagen mit zwei tüchtigen Pferden auf der breiten, vortrefflichen Chaussee von Straßburg nach Hagenau. Sein Gesicht war offen, durchaus einnehmend und verständig, hie und da, sobald er die Lippen öffnete, sei es auch nur um die Pferde mit ermunterndem Zuruf anzuspornen, unverkennbar mit einem Anflug von Jovialität. Während der volle, aber kurz gehaltene Bart bereits ins Graue fiel, erschienen die Haare, soweit der breite Filzhut sie gewahren ließ, noch völlig unverfärbt in hellem Braun. Seine Tracht wies auf den wohlhabenden Landbesitzer hin, ebenso die blauen Augen, welche das an den Seiten der Landstraße befindliche, fast schnittreife Korn mit Blicken musterten, die genaue Kenntniß und Würdigung des Gegenstandes verriethen. Nur manchmal bei einer Steigerung des Weges hob sein Auge sich und schweifte in die Ferne.

Wenn es so von der Nähe bis an den Horizont hinauf=
gerieth, war es, als ob eine sichtbare Veränderung in
ihm vorgehe. Gewissermaßen schwand ein nüchterner
Ausdruck desselben und ein sinnender trat an seine
Stelle, der jedenfalls für dasjenige, worauf es sich in
der Ferne heftete, ebenso viel Verständniß offenbarte,
wie zuvor für die wechselnden Getreidearten, die den
Weg begleiteten.

In der That umfaßte der Blick, sobald die Straße
sich nur um etwas erhöhte, eine mannigfaltige, in
der Sommernachmittagsbeleuchtung überaus anziehende
Rundschau. Zur Linken stand die Sonne noch ziem=
lich hoch über den grünen Waldkuppen, die sich als
Vorberge der Vogesen in die Rheinebene anmuthig
gewellt hereinerstrecken, während gleichfalls in Kuppen
über einander gedachte fast blendend weiße Wolken, das
Blau des Himmels unterbrechend, sich im Hintergrunde
langsam an den Gipfeln des höheren Gebirgsstockes
emporschoben. Nordwärts vor dem Wege lagen wech=
selnd Wiese und Wald, mit freundlichen, dicht von
Obstbäumen umschlossenen Ortschaften untermischt; am
Horizont dehnte sich in dunkler breitgelagerter Masse
der Hagenauer Forst.

Der Blick des Fahrenden hielt sich jedoch nur

flüchtig in dieser Richtung und lenkte mit Vorliebe
bald wieder zur Rechten hinüber. Hier ging er ohne
besondere Anhaltspunkte über völlige, breite Niederung
fort, aus deren Mitte in ziemlicher Entfernung sich
nur hie und da höhere Baumgruppen bemerkbar machten,
welche bewaldete Inseln des Rheinbettes andeuteten.
Hinter ihnen dehnte sich wieder die Ebene, nur bläu=
licher verschwommen, mit leichtem, doch ihre Einzelheiten
dem Auge entziehendem Dunstschleier überdeckt. Dann
stieg die Kette des Schwarzwaldes, ihre Abstufungen
nicht mehr erkennen lassend, wie eine graue, die Welt
abschließende Mauer auf.

Es ist gesagt worden, daß der Blick, der sich dieser
Fernsicht zuwandte, mit sinnendem Ausdruck darauf
verweilte. Vielleicht wäre eine andere Bezeichnung
wenigstens zeitweilig richtiger gewesen. Es machte ab
und zu unverkennbar den Eindruck, als ob zugleich
etwas Forschendes darin läge, wie in dem Blicke eines
für seine Ernte besorgten Landmannes, der aufmerksam
nach den Anzeigen eines bevorstehenden Unwetters um=
herspäht. Doch der Duft, der das badische Rheinthal
überzog, war nicht derartig, daß er nicht zu erkennen
verstattete, wie die wellenförmige Linie des Schwarz=
waldes sich völlig wolkenlos vom Blau des Horizontes

abzeichnete, und die eigenthümlich gespannte Schärfe, mit der das Auge des Forschenden sich auf ihn richtete, erregte den Eindruck, als ob es die Bergwand zu durch= bringen und etwa hinter ihr vorhandene Wetterwolken zu erspähen suchte. Es lag in der Natur der Sache, daß ihm dies nicht zu gelingen vermochte, aber es schien auf eine wunderlichere Natur seines Wesens, als das Aeußere es vermuthen ließ, hinzudeuten, daß sich offenbar über das Unvermögen seiner und der menschlichen Sehkraft überhaupt seiner Züge eine sonderbare Ungeduld bemächtigte. Er hob sich plötzlich auf dem Sitz und schaute rückwärts den Weg zurück, den er gekommen. Wie eine mächtige Nadel ragte über sich mannigfaltig dazwischen schiebende Baumkronen der Thurm des Straßburger Münsters ins tiefste Blau der köstlichen Juliluft.

Erregte auch dies den Unmuth des Beschauers, daß er gegen seine Art unwillkürlich, fast noch ehe er sich wieder zurückgewendet, die lange Peitsche, deren Stiel er in der Hand gehalten, über den Rücken der Pferde hinfliegen ließ? Seine Zerstreuung mußte jedenfalls eine ungewöhnliche sein, denn er bemerkte nicht, daß ihm die Zügel beim Umdrehen des Kopfes nach vorn auf das Spritzleder herabgeglitten waren;

doch in der wohlgeschulten Natur der Pferde schien es nicht zu liegen, daß sie solche Gelegenheit benutzt hätten, ihren Willen gegen den ihres Lenkers durchzusetzen, wenn nicht ein anderer, unvorhergesehener Grund dazu Anlaß gegeben. Gerade an diesem Punkte nämlich hatte sich die Straße dem Bahnkörper, der bald näher, bald entfernter, im ganzen stets eine parallele Richtung mit ihr innehielt, nur bis auf Steinwurfszwischenraum genähert und ein plötzlicher schriller Pfiff einer bis dahin der Absenkung halber in vertieftem Einschnitt nicht sichtbar gewesenen Locomotive ließ die durch den ungewohnten Schlag in Unruhe versetzten Pferde zu einem Sprunge ausholen, der sich, wie sie gleichzeitig den Zügel nicht empfanden, in eine bedenkliche Be= schleunigung ihres Laufes fortpflanzte. Der Zug brauste in bedeutender Länge heran und vermehrte ihre Hast; die Versuche des Mannes, sich der Zügel wieder zu bemächtigen, mißlangen in gleicher Weise, wie die scheu gewordenen Thiere sich durch seine begütigenden Zu= rufe nicht zum Anhalten bewegen ließen. Die Gefahr, in der sich Wagen und Insaß befanden, war, da die Pferde die Mitte der Straße innehielten, keine un= mittelbar drohende, vermochte aber voraussichtlich durch jede zufällige Aenderung es zu werden.

Um so erwünschter mochte es ihm allerdings sein, daß sich ihm eine unerwartete Beihülfe von außen bot. Auf einem Steinhaufen am Rande der Chaussee hatte ein junger Mann gesessen, dessen Augen, jedoch ohne mit unbegründeter Hartnäckigkeit Wolken zu suchen, ebenfalls über das Rheinthal hüben und drüben hingeschweift waren. Bei dem Pfiff der Locomotive drehte er den Kopf, daß das schöngeschnittene jugendliche Profil desselben hell von der Sonne bestrahlt ward; doch um wenige Secunden später blickte er dem haftig herannahenden Wagen voll entgegen. Er mußte die Sachlage sofort erkennen, denn er trat auf die Straße hinaus, mitten in das Fahrgleis der heranschnaubenden Pferde. Diese stutzten, auf etwa doppelte Armlänge herangekommen, einen Augenblick vor der hochaufgerichteten Gestalt, die ihnen im Wege stand; eine Wirkung, die der junge Mann berechnet zu haben schien, denn er sprang gleichzeitig gewandt zur Seite und erfaßte mit sicherem Griff die Zügel, die er dem Fuhrmann zuwarf. Das Unterfangen war nicht ohne Gefahr, da die Räder, seinen leichten Sommerrock streifend, um Linienweite an seinen Füßen vorübergingen.

Eine Secunde später hielt der Wagen, dessen Inhaber die wiedergewonnenen Zügel mit kraftvoller Hand angezogen hatte, inne, und der Letztere rief, den Kopf zurückwendend, freundlich:

„Man sieht's, Sie versteh'n sich auf Pferde, Mon=
sieur. Das war geschickt gemacht, haben Sie guten Dank! Ein Gespann, bei dem man die Zügel aus der Hand verloren, ist wie ein Volk, das Revolution macht; man weiß nicht, wie das Ende aussieht. Drum nochmals, merci bien!"

Er sprach den deutschen Dialekt der Bevölkerung im Unterelsaß mit der gebräuchlichen Einmischung einiger französischer Worte, die ungefähr den Eindruck wie einem Gewande aufgenähte Flitter, d. h. den des Zufälligen und dem eigentlichen Sprachschatz durchaus nicht Zugehörigen erregen. Der junge Mann kam die wenigen Schritte, die er zurückgeblieben, heran und erwiederte, artig seinen Strohhut lüftend:

„Wer auf dem Lande groß geworden, kennt Pferde=
art und weiß sich darnach zu behaben."

„Und zwar hört man, daß Sie diesseits unserer Wetterpropheten drüben groß geworden sind, Monsieur," versetzte der Aeltere, mit der Peitsche auf die Schwarz=
waldkette hinüberdeutend. „Sie mögen sich wohl ein bischen in der Fremde herumgetrieben haben — n'est-

ce pas? Aber Ihre Heimathssprache können Sie doch
nicht verleugnen. Soll man auch nicht, parbleu!
Und so sind wir trotzdem halbe Landsleute. Kann ich
Ihnen nicht einen Gegendienst mit meinem Wagen
leisten, der ohne Sie muthmaßlich in Stücke gegangen
wäre, Monsieur Landsmann?"

Es war mit offenbarem Wohlwollen und Wohlgefallen an der Erscheinung des jungen Mannes gesprochen. Dieser entgegnete auf das nicht mißzuver-
stehende Anerbieten des Schlußsatzes, daß er in Hagenau
zu übernachten und von dort am nächsten Tage auf
der Eisenbahn nach Heidelberg zurückzukehren gedenke,
von wo er eine kleine Streifwanderung durch das
Elsaß, hauptsächlich nach Straßburg unternommen.

„Nicht wahr, Straßburg ist schön und lohnt wohl,
daß man aus fremden Landen kommt, wär's nur, um
sein Münster kennen zu lernen?" fiel der ältere Herr
stolzfreudig ein. „Tenez" — und er deutete auf die
ragende Spitze zurück, „welche Höhe, man gewahrt ihn
im ganzen Departement."

„Ja, es ist der höchste und, soweit ich herumge-
kommen, der schönste in deutschen Landen," antwortete
der Jüngere.

„Gewiß, wir vergessen es den Deutschen auch nicht,

daß ihre Vorväter uns mit zu dieser Denksäule unseres
Landes verholfen. Wir besitzen manchen Stolz der
Vorzeit in unserer Gegend, und es ist schade, da Sie
sich dafür zu interessiren scheinen, daß Sie an Manchem,
was bedeutungslos aussieht, ohne Führer leichtlich
achtlos vorübergehen mögen. Mais, monsieur, wir
verlieren Beide unsere Zeit und Sie werden jedenfalls
von der Ihrigen sparen, wenn Sie meinen beiden
Schimmeln, die Sie zum Stehen gebracht, das Pläsir
machen wollen, auch eine Weile mit Ihnen davon=
zulaufen. Mein Weg führt dicht vor Hagenau vorbei."

Es war das eine Wiederholung der Aufforderung
von vorhin, die abzulehnen fast unhöflich erschienen
wäre. Auch mochte sie dem Fußwanderer, der sie in
bescheidener Weise das erste Mal überhört, nicht un=
willkommen sein. Seine bestäubten Stiefel zeugten
von tüchtig zurückgelegtem Tagemarsch, der kleine
Ranzen, den er auf dem Rücken trug, mußte trotz
seiner Zierlichkeit in der Julihitze belästigend wirken.
Er zögerte deshalb nicht länger, der freundlichen Ein=
ladung Folge zu leisten, und schwang sich leichtfüßig
zu dem Inhaber des Wagens auf den Sitz. Dieser
rückte während dessen an dem Hut und sagte:

„Damit wir wenigstens etwas mehr von einander

wiſſen, als daß wir uns auf der Landſtraße getroffen — mein Name iſt Wölflin, ich bin Landmann und habe einen kleinen Beſitz drüben an den Vorbergen."

Er wollte noch etwas hinzufügen, brach indeß ab und ſtreckte eilig die Hand aus, um den Heraufſteigenden zu halten, der während der Worte vom Rade abgeglitten war und einen bedenklichen Fall zu thun drohte. Etwas Unvermuthetes mußte die Urſache dazu abgegeben haben, da der Fehltritt mit der ſonſtigen ſichern Gewandtheit des Jünglings durchaus in Widerſpruch ſtand. Er hatte jedoch glücklich den Boden wieder erreicht und erwiederte, die Hand Wölflin's mit einer gewiſſen Haſt loslaſſend und zugleich mit den Augen an dem Geſicht deſſelben halb ſcheu und halb mit Intereſſe vorübergleitend:

„Das iſt kein gutes Omen, Herr Wölflin, als wäre es eine Warnung, daß es für uns Beide beſſer ſei, Jeder in ſeiner Weiſe den Weg fortzuſetzen."

Er rückte den Ranzen in Ordnung; unverkennbar war es ſeine plötzlich gefaßte Abſicht, nach ſeinen Worten zu handeln. Doch Herr Wölflin lachte:

„Eh bien, mir ſcheint es ein ſehr gutes Omen, Monſieur, das uns zuſammengeführt, denn wenn Sie meine Pferde nicht gehalten, ſo läge ich jetzt muthmaßlich in irgend einem Graben, und wenn ich wiederum Sie nicht gehalten hätte, wäre es Ihnen ebenso wahrscheinlich nicht viel besser ergangen. So ergiebt sich immer Eins aus dem Anderen; unsere Schicksale hängen in einer langen Kette zusammen und bedingen sich gegenseitig. Freilich kommt hier in Betracht, daß, wenn Sie mir nicht zuerst Hülfe geleistet, meine Hand nicht in die Lage gekommen wäre, es Ihnen zu vergelten. Doch wer weiß — ich bin etwas Fatalist und glaube, wäre es jetzt nicht geschehen, so hätte es sich später einmal in vielleicht gefährlicherer Weise ereignet. Nun hat das Schicksal seinen Willen gehabt und es ist gewesen."

Er lächelte; auch über das in seltener Weise einnehmende Gesicht des jungen Mannes flog ein Lächeln. Er schien einen plötzlichen Entschluß zu fassen und versetzte:

„Nun wenn das Schicksal denn einmal seinen Willen haben muß, so ist es jedenfalls thöricht, ihm eine Voreingenommenheit entgegenzusetzen."

Und er schwang sich hurtig, diesmal ohne Fehltritt, auf den Wagensitz hinauf, indem er nach kurzem Zögern hinzufügte:

„Ich werde Harald Trifels genannt und bin

Student — freilich schon ziemlich alter — in Heidel=
berg. Das ist Alles, was ich Ihnen über meine un=
bedeutende Persönlichkeit sagen kann."

Es war etwas sonderbar ausgedrückt, ja klang fast,
als ob irgend eine heimliche Verclausulirung darin
enthalten sei, doch es fiel Wölflin nicht auf, der nur
den Namen beachtet und sich über Schönheit und Wohl=
klang desselben im Weiterfahren aussprach. Er meinte,
sie seien beide schön und wie für einander geschaffen;
beide, sagte er, echte, uralt deutsche Namen, die in
Sage und Geschichte an Herrliches gemahnten.

„Sehen Sie," fuhr er fort, „so sind wir noch
nähere Landsleute vom Norden her, denn ursprünglich
stammt Ihr Geschlecht jedenfalls von unsrer alten
Nachbarburg im Zweibrücken'schen."

Der junge Mann bejahte etwas erröthend, daß der
'Name allerdings von dort seinen Ursprung habe, und
sein Begleiter nickte wohlgefällig mit dem Kopf. Er
erzählte, daß seine frühesten Jugendeindrücke an dem
Trifels hafteten, den er als kleiner Knabe mit seinem
Vater besucht. Spielgenossen, die er dort schnell ge=
funden, hatten ihn auf die Burg, die älteste am ganzen
Rhein, geführt und ihm mit großer Heimlichkeit von
dem ungeheuren Rittersaal aus eitel Marmor und

Gold drinnen im Berge erzählt, wo der Kaiser Roth=
bart noch immer tafele. Dann nach dem Mittagsmahl
steige er manchmal hinauf und setze sich droben auf
den höchsten Rand der Burgmauer und spiele mit
goldenen Kugeln, die wie Sterne im Sonnenglanz
leuchteten. Einmal hatte Einer jener Spielgefährten
ihn dabei belauscht, d. h. den Kaiser selbst hatte er
nicht, oder doch nur sehr undeutlich gesehn, wohl aber
eine von den Goldkugeln, die ihm beim Spiel ent=
fallen und über den steilen Abhang, gerade nach der
Seite des Städtchens Annweiler zu, herabgeflogen war.
Schleunig liefen sie auf die Stelle zu, wo dieselbe
verschwunden; doch es dämmerte schon, und trotz allem
Suchen vermochten sie in dem hohen Feldgras nichts
zu finden. Ja sie ernteten nur Spott von den Er=
wachsenen dazu, wie sie nach Hause kamen, da die
Letzteren meinten, sie hätten die feurige Kugel auch
gesehn, die ein Meteorstein gewesen und nicht vom
Trifels, sondern hoch aus der Luft gekommen und
in weiter Ferne jenseits des Rheines verschwunden sei.

Harald Trifels hatte aufmerksam zugehört. Die
Sage, daß der Hohenstaufenkaiser auch im Innern
des Trifels noch hause, war ihm neu, doch sie er=
freute ihn sichtlich.

„So ist doch überall in deutschen Landen das Ge=
fühl der Herrlichkeit des deutschen Reiches, das sich im
Kaiser Rothbart verkörpert, noch lebendig," rief er,
„und das ist die sicherste Bürgschaft dafür, daß sie auch
noch einmal aus dem Grabe wieder heraufsteigen und das
ganze alte Reich in Besitz nehmen und erneuern wird."

„Es ist eine überaus tiefsinnige Dichtung, wie sie
nur aus dem Gemüth des deutschen Volkes entspringen
konnte," meinte Herr Wölflin. „Die Wälschen besitzen
nichts Aehnliches in ihrem Sagenschatz, und ich würde
mich für die Deutschen des herrlichen Tages freuen,
wo es zur Wahrheit würde. Aber es sind schöne,
poetische Träume, denn zu viele Jahrhunderte sind
darüber hingegangen, und die Stammeseigenart hat
sich im Norden und Süden Deutschlands zu stark aus=
gebildet, als daß eine wirkliche innere Verschmelzung,
wie sie zur Zeit der Staufen noch möglich war, heut=
zutage wieder gedacht werden könnte. Wir leben eben
in unserer Zeit Alle ein doppeltes Leben in der Gegenwart und in der Erinnerung, die man getrennt halten
muß wie Poesie und Wirklichkeit. Doch der feinere
Sinn wird immer gern in die Vorzeit hinüberschweifen
und die Trümmer derselben mit Schiller herrlicher
wieder aufbauen."

Trifels widersprach dem in angeregtester Weise.
Die beiden Männer nahmen sichtlich immer mehr
Wohlgefallen gegenseitig an einander; das Gespräch
stockte keinen Augenblick und flog von einem Gegenstand
zum andern. Der Wagen rollte mit wohlthuender
Geschwindigkeit über die glatte Chaussee dahin; jetzt
verstärkte sein Rasseln sich, wie er die Hauptstraße des
Fleckens Brumat durchmaß, wo neugierige Gesichter
sich aus dem Fenster bogen und ihm nachblickten oder
den Gruß Herrn Wölflin's freundlich erwiederten.
Der kleine Ort lag in tiefer friedlicher Versunkenheit;
er erregte so sehr diesen Eindruck, daß Trifels, als sie
wieder an den letzten gen Nord gewandten Häusern
dahinglitten, die unserer Zeit fremd gewordene idyllische
Stimmung, die über 'ihm liege, noch einmal zurück-
schauend, bewunderte.

Herr Wölflin warf einen Blick nach der jetzt schon
mehr in Grau verschwindenden Schwarzwaldkette hinüber, wie er es zuvor, als er noch allein gewesen, gethan.

„Wir wollen hoffen, daß es immer so bleibt," erwiederte er. „Die Brumater sind tüchtige, gewerbs-
fleißige Leute in ihrer Stille, und ihr Wohnort hat
allerdings seit dem Jahre 1299, wo Straßburg und

Hagenau ihn gemeinschaftlich bis auf das letzte Haus
in Asche legten, in allen seitherigen Kriegen nicht ab=
sonderlich gelitten."

Doch der Gegenstand, dem das Gespräch sich zuge=
wandt, schien ihm weniger erwünscht zu sein und er
lenkte es schnell wieder mit mancherlei Fragen auf seinen
jungen Begleiter über. Die Antworten, welche dadurch
hervorgerufen wurden, führten nach Heidelberg, von
dem Trifels manche lustige Geschichte erzählte. Auch
der Aeltere kannte es genau aus früherer Zeit, und so
stellte es sich denn allmälig überraschend heraus, daß
Beide, den Unterschied der Jahre abgerechnet, die näm=
liche Laufbahn eingeschlagen und sich in ähnlichen, ja
fast gänzlich gleichartigen Verhältnissen befanden. Wie
Herr Wölflin es um ein Vierteljahrhundert früher ge=
than, so hielt Trifels sich auf der Universität weniger
der Wahl eines Berufs als seiner allgemeinen Aus=
bildung halber auf, da ihm als einzigem Sohne wohl=
habender Eltern in Zukunft die Bewirthschaftung des
Erbgutes derselben im Schwarzwald als Aufgabe zufiel.
Er hatte demzufolge und der Anschauung seines Vaters
gemäß, den er in seiner Trefflichkeit mit einem fast
über das Maß des Gespräches hinausgehenden Feuer
schilderte, die Rechtswissenschaft als vortheilhaftesten

Gegenstand seiner Studien erwählt und dieselben so=
weit fortgesetzt, daß er bei seiner Rückkehr durch die
Promotion mit ihnen abzuschließen gedachte. Dabei
verhehlte er indeß keineswegs, daß seine Interessen ihn
von diesem Studium vielfach ab und auf andere Bah=
nen gelenkt, so daß er sich weniger als für die Praxis
eingeschulter Jurist, wie als ein Mensch fühle, dessen
Hauptbestreben es gewesen, seinen Blick nach allen
Richtungen, besonders in der Geschichte und der Lite=
ratur, seinen Lieblingsgegenständen, möglichst zu er=
weitern. Das alles brachte er in einer äußerst be=
scheidenen und gewinnenden Sprechweise vor, wie er
denn zum Schluß lächelnd hinzufügte, daß er durch=
aus nicht überzeugt sei, ob die gestrengen Herren Exa=
minatoren ihn cum laude aus der Prüfung hervor=
gehen lassen würden.

Hatte aber der ältere Herr, mit dem der Zufall
ihn zusammengewürfelt, sich schon vorher an der Art
seines jungen Begleiters erfreut, so verstärkte sich diese
Zuneigung noch um ein Bedeutendes, wie es gemei=
niglich zu geschehen pflegt, wenn gleiche Verhältnisse
und Interessen auch auf einer gleichartigen Lebensbahn
zusammengeführt werden. Er gedachte mit Freuden der
von ihm selbst ähnlich in Heidelberg verlebten Zeit

berührte von Veränderung unangetastet gebliebene, ge=
meinsame Punkte beider Perioden und erging sich, über
das Alter des jungen Mannes hinausschweifend, auf
den Wegen, die das Leben ihn bereits weiter vorwärts
geführt. · Er hatte allerdings sich nicht der Jurisprudenz,
sondern den allgemeinen Bildungsfächern, und außer
diesen hauptsächlich der Medicin zugewandt, die er
zwar lediglich als Dilettant betrieben, deren angeeignete
Kenntniß er jedoch, selbst in so geringem Maße, wie
er sie inne habe, für einen Landmann außerordentlich
hochschätze. Von der Landwirthschaft, auf die das Ge=
spräch sich ausdehnte, sprach er sodann mit ungewöhn=
lichem, fast begeistertem Aufschwung. Er hielt sie für
den natürlichsten Beruf des Menschen, war überzeugt,
daß auch Trifels bei der Verwandtheit ihrer An=
schauungen und Interessen später die vollste und aufrich=
tigste Lebensbefriedigung in ihr finden werde, und offenbarte sich durchweg als ein patriarchalischer Daseinsart
zuneigender Mann, der die Ruhe seines Landeigenthums
jedoch keineswegs vor den bewegenden Ideen der Neu=
zeit zu verschließen, sondern sich ihrer Anschauung und
Beurtheilung in friedlicher Zurückgezogenheit hinzugeben
bestrebt war.

So rollte der Wagen durch die anmuthige, garten=

artige Gegend unvermerkt dahin, und die dunkle Wald=
masse, die zuvor in der Ferne den nördlichen Horizont
begrenzt, breitete sich jetzt in der Nähe vor dem Wege,
zur Rechten scheinbar bis an das Rheinbett und
zur Linken bis an die Vorberge des Wasgaugebirges
aus. Eine malerische Stadt von überaus gefälligem
Aeußeren zeichnete sich vortheilhaft von dem dunklen
Hintergrunde ab und gewährte mit ihren gothischen
Thürmen, hochgiebligen Patricierhäusern und theilweise
zerfallender, den Verkehr keineswegs beengender Ring=
mauer, das vollständig erhaltene Bild einer mittel=
alterlichen deutschen Reichsstadt. Nur die modernen
Bauwerke, die sich außerhalb der Umwallung befanden,
und der umfangreiche Bahnhof eines Kreuzungspunktes
versetzten* in die zweite Hälfte des gegenwärtigen Jahr=
hunderts zurück. Doch es geschah dies nicht in ab=
stoßender, gewissermaßen eine angenehme Einbildung
zerstörender Weise, da das Ganze aufs freundlichste von
verschiedenartigstem Grün umrahmt erschien und sich gleich
einem alterthümlichen Ringe darstellte, in dessen Fassung
hie und da eine von der Zeit herausgebröckelte echte
Perle durch eine stärker gleißende, doch auf den ersten
Blick erkennbare Imitation ersetzt worden.

Die Chaussee führte in gerader Richtung auf einen

weit bemerkbaren alten Thorthurm des Städchens zu.
Der Wagen rollte in den letzten Augenblicken etwas
langsamer und hielt jetzt, da Herr Wölflin die Zügel
straff anzog, am Rande eines nach Links abbiegenden
Seitenwegs inne.

„Das ist Hagenau," sagte der Aeltere, „und ich
muß, wenn Sie Ihre Absicht ausführen, hier von
Ihnen Abschied nehmen, da mein Weg zur Linken geht.
Ich dächte aber, Sie könnten die Trennung, falls es
Ihnen zusagt, noch um etwas verschieben und heute
Abend statt in Hagenau Einkehr auf meinem Landhaus
halten, wenn Ihnen die Gastlichkeit, die ein einfacher
Mann zu bieten vermag, genügt. Die Meinigen
werden mir Dank wissen, ihnen eine so angenehme Ueber=
raschung diesmal von meiner wöchentlichen Fahrt
nach Straßburg mitgebracht zu haben."

Man konnte eine Einladung nicht in einer weniger
zudringlichen und doch zuvorkommenderen Form aus=
sprechen, und Trifels nahm sie mit einem leichten Er=
röthen an, welches verrieth, daß dieselbe ihm nicht
mehr ganz unerwartet, noch weniger unlieb gekommen,
und daß er, falls sie an ihn gerichtet werde, bereits
mit sich einig gewesen, sie nicht abzulehnen. Trotz=
dem lag einige Verlegenheit in der Art, wie er

seinen Dank und seine Zustimmung ausdrückte, doch
Herr Wölflin half ihm in tactvollster Weise darüber weg, indem er die gestellte Zwischenfrage gleichsam als etwas völlig Natürliches und nicht weiter Er-
wähnenswerthes betrachtend, den Anfang seines Satzes
noch einmal wiederholte und hinzufügte:

„Es hat für mich, obwohl ich in dieser Gegend geboren und erzogen bin, noch jedesmal etwas Eigenes,
wenn ich so an Hagenau vorüberfahre, aus dessen
alten Mauern meine Familie herstammt. Unter denselben hohen Giebeln haben meine Vorväter als Knaben
gespielt und sie später manchmal mit den Waffen in
der Hand in blutigem Streit vertheidigt. Ich bin ein
durchaus abgesagter Feind der Vorrechte und hochfah-
renden Anschauungen, welche der Adel noch in unseren
Tagen aus der Fähigkeit, die Geschlechtsreihe bis in
eine hohe Vorzeit zu verfolgen, abzuleiten bestrebt ist;
allein ein schönes und anregendes Gefühl der Zusammengehörigkeit entspringt auch für mich daraus und
darf man, meines Erachtens, dem Nachkommen besonders dann nicht verargen, wenn viele der begleitenden äußeren Umstände, wie z. B. hier das alte Ge-
mäuer, der sinnliche Eindruck der nächsten Umgebung
sich bis in seine Zeit mehr oder weniger unverändert

erhalten haben. Ein Streben der Nacheiferung wird dadurch schon in der Seele des Kindes geweckt und durch jede neu hinzutretende Erinnerung befestigt. Und es will mich bedünken, als ob der Werth dieser ohne unser eigenes Zuthun durch Blutsverwandtschaft bestimmten Zusammengehörigkeit in unserer Zeit, deren Verkehrsmittel und Berufszweige überall fast die Familienglieder über die Erde zerstreuen, eigentlich noch an Bedeutung gewonnen habe. Freilich giebt es traurige Fälle, wo ein völliges Lossagen von solchen Naturbanden zur Nothwendigkeit wird —"

Er unterbrach sich, während sein junger Begleiter gerade mit eigenthümlicher Aufmerksamkeit an seinen Lippen zu hängen schien, und fuhr rasch fort:

„Ich wollte sagen, daß ich freilich nicht Anlaß habe, mit besonderem Stolz des Ahnherrn meiner Familie zu gedenken, bis zu dem ich meine Abstammung hinaufzuleiten im Stande bin. Er war hier im dreizehnten Jahrhundert kaiserlicher Landvogt zu Hagenau, und es liefen lange Zeit gar bösartige Klagen wider Herrn Alban Wölflin um, daß er Gut und Geld der reichsfreien Bürger zusammenraffe, bis sich zuletzt ein Aufstand wider ihn in der Stadt erhob, der sich seiner Person bemächtigte und eine schwere Anschuldigung wider

ihn an Seine Kaiserliche Majestät Friedrich den Zweiten
ausgehen ließ. Und es scheint nicht, daß mein Vorfahr
sich gegen das Gewicht der erhobenen Klagen triftig zu
verantworten im Stande war, denn die Chronik meldet,
daß kaiserliche Majestät ihn zum Tode durch den Strang
verurtheilte, und daß solches Urtheil auf der alten Reichs=
feste zu Hagenau an ihm vollzogen worden."

Der Weg, den der Wagen, während Herr Wölflin
dies erzählte, eingeschlagen, führte über eine gestreckte
mäßige Anhöhe, welche noch eine ziemliche Weile den
Blick auf das Städtchen verstattete. Er hob sich jetzt
etwas im Sitz und deutete hinüber.

„Von der alten Reichsfeste ist gegenwärtig jede
Spur verschwunden. Sie war von Friedrich dem Ein=
äugigen drüben, genau an der Stelle, wo Sie das
hohe rothe Gebäude sehen, mitten im „heiligen Hain"
auf einer Insel in der Motter angelegt; die alten
Stadtsiegel haben ein Bild von ihr bewahrt, auf
dem sie mit fünf Thürmen, der mittelste und
höchste mit dem Reichsadler gekrönt, mächtig in die
Luft ragt. So hergestellt wurde sie allerdings erst von
Kaiser Rothbart, der das Jagdschloß, das sein Vater
erbaut, zu seinem Lieblingsaufenthalt wählte und die
Reichskleinodien Karl's des Großen, Krone, Schwert

und Äpfel, mit denen er selbst zu Aachen gekrönt
worden, dort in Gewahrsam gab. Daher hieß die
Stadt Hagenau, die er rings um die Burg anlegen
und mit einer Ringmauer umgürten ließ, die Reichs=
kleinodienbewahrerin und behielt noch in später Zeit,
als die kaiserlichen Insignien nach Trifels gebracht
worden, den Namen einer „Kammer des Reichs", der
andeuten sollte, daß sie zu den Domänen des Kaisers
und für immer dem Reiche unzertrennbar angehöre."

Man hörte es der Freudigkeit, mit welcher Herr
Wölflin diesen Ueberblick über die Vorzeit Hagenau's
gewährte, an, mit welchem Interesse er sich in diese
geschichtlichen Erinnerungen versenkte und wie eingehend
er sich mit ihnen beschäftigt haben mußte. Bei den
letzten Worten verbesserte er sich plötzlich und sagte:

„Das heißt natürlich, bis zu dem Zeitpunkt, wo
das Elsaß in eine andere staatliche Vereinigung ein=
trat. Die Bewachung der Reichsfeste ward bald nach
ihrer Gründung zu einem Reichsamte, dessen Inhaber
den Namen der Burggrafen zu Hagenau führten.
Viele edle Familien der Stadt folgten sich darin, die
Lichtensteiner, Fleckensteiner, Dirkheimer und Andere,
bis die Feste zugleich mit dem deutschen Reich immer
mehr zerfiel und am Schluß des siebzehnten Jahrhun=

berts mit einem Theil seiner großen Quadersteine das
Fort Louis drüben am Rhein errichtet wurde. Dann
vierzig Jahre später baute man aus dem Rest der
Steine das hohe rothe Gebäude, das ich Ihnen dort
an der Stelle der alten Burg gezeigt."

Er sprach die letzten Worte mit einer Art verächt=
lichen Ingrimms, die in Widerspruch zu seiner son=
stigen Ausdrucksweise stand. Der junge Mann blickte
noch einmal hinüber und fragte:

„Zu welchem Zweck dient dies Gebäude denn gegen=
wärtig?"

Herr Wölflin erwiederte kurz: „Es ist ein Jesuiten=
collegium und zu diesem Behuf erbaut."

Nach einer Pause fuhr er fort:

„Das ist das Einzige, was mir den Anblick Hagenau's
verleidet. So alt ich geworden bin, habe ich mich nicht
an den Gedanken gewöhnen können, daß an der Stelle,
wo einst der stolze, kaiserliche Adler gehorstet, die
Dohlen sich eingenistet haben."

Aus der Gleichartigkeit der Lebensanschauung der
beiden Männer, die sich mehrfach herausgestellt,
ließ sich mit Sicherheit vermuthen, daß er der näm=
lichen Abneigung gegen den Orden Loyola's bei Tri=
fels begegnen würde. Dies bewahrheitete sich auch voll=

ständig, nur daß der Letztere wohl das Gefühl des Wider=
willens, nicht aber in dem Grade das des Hasses gegen
denselben theilte. Er meinte, der Haß vermöge sich
nur auf etwas zu richten, was noch lebendig wirksam
und darum schädlich zu sein im Stande sei. Dies
könne man aber in unserem Jahrhundert von den
Jesuiten nicht mehr behaupten, die ihre frühere Macht
vollständig eingebüßt und sich wohl das Gift, nicht aber
den zur schädlichen Wirkung nothwendigen Stachel be=
wahrt hätten.

Während der junge Mann diese Meinung äußerte,
hatte anfänglich ein bitteres Lächeln um Wölflin's
Mundwinkel gespielt; doch am Schluß fuhr er in fast
heftig aufbrausender Weise auf.

„Sie sind noch sehr jung und kein Elsässer," sagte
er, „sonst würden Sie anders urtheilen. Das Gift,
das in der Werkstatt des rothen Gebäudes da drüben
bereitet wird, findet durch tausend Stacheln seine Ver=
breitung, hier, dort, in jedem Hause, über das Ihr
Auge hingeht. Es ist ein Gift, das ätzend wirkt wie
Sublimat, und den innersten Kern des Menschen an=
greift. Denn sein Streben ist, uns des Eigentlichsten,
Heiligsten, das ein Volk besitzt, langsam zu berauben."

Er schwieg. Trifels, noch von dem unerwarteten

Ausbruch von Heftigkeit überrascht, hatte die Bedeu=
tung seiner Worte nicht verstanden und erkundigte
sich, zugleich etwas verlegen, seine Unkenntniß in der
fraglichen Sache an den Tag bringen zu müssen, was
es sei, dessen die Jesuiten speciell die Bevölkerung im
Elsaß beraubten.

„Unserer Sprache," entgegnete Herr Wölflin scharf.
„Sie wissen zur Genüge, daß sie keinen Boden bei uns
finden, so lange wir deutsch reden, wie unsere Vor=
väter es gethan, wie die deutschen Kaiser es dereinst
mit den vaterlandslosen, römischen Herrschgelüsten ge=
sprochen. Deshalb geht ihr Ziel darauf hinaus, uns
zu verwälschen, um den Protestantismus, der hier im
Norden bei unserm Volk die Ueberhand besitzt, an
der Wurzel zu fassen. Sie wollen uns zuerst die
Sprache Murner's, Brant's und Fischhart's nehmen,
dann glauben sie uns zu haben. Das ist auch der
politische Zweck, zu dem man sie uns ins Land gesetzt."

Er verschluckte zwar den Rest des letzten, unmuthig
hervorgestoßenen Satzes, doch Trifels hatte achtsam zu=
gehört und empfand gerade über diesen eine besondere
Befriedigung. Es kam in ihm etwas zu Tage, das
er, als der Jüngere, zu berühren nicht für schick=
lich hielt und über das er doch am liebsten Auskunft

gewonnen hätte. Er hatte auf der Fahrt durch die
reiche und anmuthsvolle Gegend, die überall aufs ge-
naueste an die jenseitige Thalebene des Rheines ge-
mahnte, sowie durch die gleichartige alemannische
Sprache seines Begleiters irregeleitet, fast vergessen,
daß er sich nicht in Deutschland befand; wenn ihm ab
und zu diese Erinnerung kam, so erfüllte sie ihn unwillkürlich mit einem peinlichen Gefühl. Da er sich zum
ersten Mal im Elsaß aufhielt, war seine Kenntniß
der dortigen Bevölkerung eine geringe. Nur aus
Büchern und von dritter Hand wußte er, daß das Bewußtsein der alten Zusammengehörigkeit mit Deutschland dort völlig erloschen sein solle, und um so freudiger überraschte es ihn, bei dem Ersten, mit dem der
Zufall ihn in nähere Verbindung brachte, ein so tief
gehendes Interesse an der geschichtlichen Herrlichkeit
des deutschen Reiches und ein so energisches und liebe-
volles Festhalten an der gemeinsamen deutschen Mutter-
sprache vorzufinden. Allein wie groß auch der Reiz
in ihm war, hierüber in eingehenderer Weise sich
Aufschluß zu verschaffen, empfand er, wie gesagt, doch
das Unpassende zu sehr, sich im fremden Lande nach
so kurzer Bekanntschaft mit einer direct darauf hin-
zielenden Frage an seinen Wirth zu wenden, und da

die Art, in welcher dieser seine letzten Worte zurückge=
drängt, ersichtlich den Wunsch zu erkennen gab, den an=
geschlagenen Gesprächston nicht weiter zu verfolgen, so
lenkte Trifels selbst in zuvorkommender Weise ab.
Die Richtung des Weges, die sich eine Weile in weiterem
Bogen um das Städtchen herum erstreckt, wich jetzt
noch entschiedener zur Linken ab, und um noch einen
Blick auf das vom Abendsonnenlicht umfangene Bild
des Ortes zu genießen, wandte der junge Mann sich
zurück. Dann sagte er, in indirecter Weise seinem
Gedankengang Folge gebend:

„Hagenau gehört, wenn ich nicht irre, zu den Ort=
schaften, welche schon vor Straßburg und sogar vor
den übrigen bedeutenderen Reichsstädten im Elsaß für
Deutschland verloren gingen.“

Herr Wölfflin war in Gedanken vertieft gewesen.
Er sah auf und erwiederte:

„Oui, monsieur. Sie haben ganz Recht; Hagenau
hatte das Glück, schon beim westphälischen Frieden mit
Frankreich vereinigt zu werden. Es nahm an der Ver=
änderung des flachen Landes Theil, während die größeren
Städte erst im Jahre 1674, Straßburg sogar erst
1681 dazu gelangten.“

Es lag nicht die geringste Abschattirung von Ironie

in den Worten, so daß Trifels den Sprecher mit
einiger Verwirrung anblickte. Hatte er recht verstanden,
daß sein Gefährte, der ihm in Gestalt und Zügen,
Art und Sprache ebenso deutsch erschien, wie er sich
selbst, die Zugehörigkeit des Elsaß zu Frankreich, den
Raub, den dies vor Jahrhunderten begangen, als ein
Glück betrachtete? Es widersprach allem Uebrigen so
sehr, daß der Hörer sich kaum zu überzeugen vermochte,
daß Herr Wölflin es doch unzweifelhaft deutlich ausgesprochen, und er verfiel in ein ergebnißloses Nachsinnen, aus dem ihn nur hie und da die Dorfschaften
aufrissen, welche die jetzt eingeschlagene Nebenlandstraße,
minder einförmig als die geradlinige Chaussee, in
buntem Wechsel an ihm vorüberführte. Der Weg
nahm geraden Lauf auf die schon beträchtlich näher
gerückten Vorberge des dunkelgrünen Waskenwaldes zu.
Man sah die Thäler sich im Anfang mit sanft gewellten
Abhängen öffnen und allmälig von erhöhteren Seiten-
wänden begleitet, gewunden ins Innere des Gebirges
hineinziehen, völlig in gleicher Weise, wie der Uebergang aus dem badischen Rheinthal zum Schwarzwald
stattfindet. Nur erschienen die Vogesen durch ihre
reiche Buchen- und Eichenbewaldung weniger düster
als die tannenbedeckten Kuppen und Schroffen des

jenseitigen Berggrats. Die Dörfer dagegen, welche
der Weg zum Theil durchschnitt, zum Theil an den
Seiten liegen ließ, boten durchweg das nämliche Aussehen,
wie die auf deutschem Gebiet befindlichen überm Rhein.
Sie waren von Wiesen und Baumgruppen umschlossen,
dann bildeten freundliche Obstgärten einen engeren Ring
um die Häuser, die sich zumeist anheimelnd um den
spitzen Kirchthurm herumlagerten. Aus Fachwerk errichtet,
sauber gehalten und oft von Weinlaub oder sonstigen
Ranken anmuthig umziert, wandten die Gebäude fast
ausschließlich die Giebelseite nach der vielfach gekrümmten
Straße. Hinter den behäbig blickenden Wohnhäusern
lagen die Wirthschaftsbaulichkeiten durch reinlich aus=
sehenden Hofraum getrennt und verbunden. Arbeit=
same Tüchtigkeit sprach aus Allem; obwohl der Tag
sich bereits dem Ende zuneigte, waren wenig Bewohner
auf den Dorfgassen oder vor den Thüren zu gewahren.
Der arbeitskräftige männliche wie weibliche Theil der
Bevölkerung befand sich offenbar auf dem Felde, hie
und da muthmaßlich schon mit dem Anfang der Ernte
beschäftigt. Nur ältere Leute blickten ab und zu über
den blühenden Gartenzaun dem Fuhrwerk nach und
barfüßige Kinder, zumeist mit flachshellem Haar, das
sich jedoch bei den älteren dunkler zu färben schien,

tummelten sich unter der Dorflinde und auf den Wegen. Sie blieben wohl in der Mitte bis hart vor dem herannahenden Wagen stehn, und der Anführer zählte laut: „Eens, zwee — drei!" Dann flogen sie lachend und kreischend zur Seite und zogen ihre Mützen.

„Luejet, des isch der Herr Wölfli, und dort uf der rächte Sit, des isch e Fremd'r," sagte ein kleines Mädchen, das mit mehreren Gespielinnen sittig am Grabenrand kauerte und Blumen zu Kränzen auflas. „G'wiß 'sisch e Ditscher, hen ihr's g'sähn?"

Herr Wölflin hatte es gehört und lachte. Er nickte dem Kinde freundlich zu. „Jo, g'wiß isch's e Ditscher, Bäbeli, g'fallt er di net?"

Das Mädchen richtete sich verlegen auf und sagte: „Grüeß Gott, Herr Wölfli." Der Wagen rollte schnell vorbei, und nun bekamen auch die anderen Muth und riefen im Chor „Grüeß Gott" hinterdrein, indem sie den Ruf zu einem Spiel und Wetteifer ausdehnten, daß keine zuletzt gerufen haben wollte und es noch bis an die Biegung des Weges den Fahrenden nach- klang.

„Sie machen es gerade wie bei mir daheim," lächelte Trifels. „Erst sind sie blöde, daß es ist, als

ob sie kein Wort herausbringen können, und nachher,
wenn die Nöthigung zum Sprechen vorüber ist, über=
bieten sie sich an Beredsamkeit. Es ist echte deutsche
Dorfkindernatur."

„Ja gewiß," versetzte Herr Wölflin, „das ist unser
Stolz, daß sie allen Versuchen, eine Aenderung darin
zu bewirken, zum Trotz, sich heut noch ebenso in nichts
davon unterscheiden wie vor zweihundert Jahren. Sie
haben auch noch genau dieselben Spiele und Spiel=
reime; es ist mir stets eine Freude, sie zu hören, und
daher kenne ich die Kinder in den umliegenden Dörfern
fast alle bei Namen."

Er war wieder gesprächiger geworden; je weiter
sie kamen, desto häufiger ertönte auch das „Grüeß Gott,
Herr Wölfli" aus dem Munde der jetzt zahlreich vom
Felde heimkehrenden Erwachsenen. Mehrfach rief er
Diesem und Jenem, den er genauer kennen mochte,
eine Frage über den Stand der Ernte zu, die jedes
Mal mit einem äußerst befriedigtem „S'isch guet, Herr
Wölfli" erwiedert ward. Auch auf dem Gesicht der
Leute stand die Antwort deutlich zu lesen; sie waren
zufrieden und der besten Erwartungen voll.

So wurden Herrn Wölflin's Gedanken von den
vorherigen Gesprächsstoffen mehr und mehr auf land=

wirthschaftliche Gegenstände abgelenkt. Wie über Alles
verbreitete er sich auch hierüber mit großer Sachkennt-
niß und regstem Interesse. Er pries die deutsche Anlage und Bauart der Dörfer sowohl als dienlicher für
ihren wirthschaftlichen Zweck, wie als unverhältniß-
mäßig schöner den französischen Dorfschaften jenseits
der Berge gegenüber. Man erkenne auf den ersten
Blick, ob man sich unter deutscher oder wälscher Bevölkerung befinde. Die französischen Dörfer seien
sämmtlich eines wie das andere stadtähnlich in einer
schnurgeraden Linie zu beiden Seiten der Landstraße
erbaut. Allerdings habe es den Anschein, als ob die
massiv aus Stein errichteten Häuser eine größere
Festigkeit darböten, doch sei dies in Wirklichkeit nicht
der Fall und werde dadurch völlig illusorisch, daß der
Besitzer, von der Dauerhaftigkeit seiner Steinwände
überzeugt, keinerlei Achtsamkeit auf die Instandhaltung
seines Hauses verwende. So sei der Anblick meistens
ein wenig erfreulicher und noch weniger behaglicher.
Die Individualität und Eigenartigkeit, die das deutsche
Bauernhaus kennzeichne und den Stolz derselben bilde,
höre in den französischen Dörfern völlig auf, da die
einstöckigen, mit flachen Dächern versehenen, engzu-
sammengedrängten Häuser gleichsam wie unter einem

gemeinſamen Dach errichtet ausſähen, wodurch die
ſelbſtändige Abgeſchloſſenheit des deutſchen Bauernhofes
vollſtändig verloren gehe. Denn naturgemäß lägen
die Scheunen und Ställe — übrigens von weit ge-
ringerem Umfange als hier — hinter den Häuſern
ebenſo nahe an einander geengt; der ausgiebige Hofraum, der Stolz des Landmanns, ſchwinde zu einer
kleinen Fläche zuſammen und mache die Aufrechterhal-
tung der Sauberkeit faſt unmöglich. In Allem präge
ſich eben der Mangel an Selbſtändigkeit und Selbſt-
vertrauen aus, das nur in dem Bewußtſein eines auf
eigener Kraft ruhenden, von den Umwohnern unab-
hängigen Familienkreiſes gewonnen werde. Schon in
den ſchnurgerade von Dorf zu Dorf fortlaufenden,
ſtets mit Pappeln bepflanzten Landſtraßen liege dies
ausgedrückt. Eine Ortſchaft ſchaue gewiſſermaßen
immer nach der andern aus, fühle ſich ohne die nächſte
bedeutungslos und verlaſſe ſich auf ſie. So gehe es
von einer zur andern fort bis Paris, das alle als
ihre eigentliche Seele betrachteten und von dem ſie in
jeder Noth Aushülfe und Aufſchwung erwarteten, wo-
gegen jedes deutſche Dorf ſeine eigene Seele beſitze
und ſein Gemeinweſen nach dem Wahlſpruch „Hilf
dir ſelbſt“ in beſter Ordnung erhalte.

Der Wagen hatte die Ebene verlaßen und bewegte
sich bereits zwischen zwei die Straße begleitenden, doch
theilweise noch bebauten Berglehnen hin. Ein er=
frischender Luftzug kam thalabwärts, hie und da rieselten
an den Seiten kleine Waßer aus dem noch selten
nackt zu Tage tretenden, geschichteten Fels. Die Thal=
sohle selbst schien flach zu sein, nur der in der Mitte
über Steingeröll fortschnellende Bach, deßen Geschwindig=
keit auf nicht unbeträchtlichen Fall hindeutete, und ab
und zu ein Rückblick auf die deutlicher hervortretende
Rheinebene verriethen, daß der Weg sich zwar unmerk=
lich, aber stetig hob. Nun schloß eine Biegung den
Rückblick ab und die Gegend gewann mehr den Cha=
rakter einer wirklichen Gebirgslandschaft. Buchen=
waldungen, durch deren graue Stämme die Strahlen
der Abendsonne wie Goldfäden über dichten Moosboden
hinfielen, umkränzten eine Weile völlig den Horizont
und erstreckten sich verdunkelnd bis an die steiler auf=
wärtssteigende Straße hinab. Um so überraschender
und angenehm auf die Sinne wirkend war die Helle,
die auf erreichter Höhe bei plötzlichem Zurückweichen
des Gehölzes ein breiteres Thal von anmuthigster
Form überfloß, das noch ganz im friedlichsten Sonnen=
lichte gebadet dalag. Ein wenn auch nicht übergroßes,

doch seinem ganzen geschmackvollen Stil nach schloß= artiges Gebäude, dessen beglänzte weiße Façade dem Wege zugewandt war, zog sogleich in einiger Ent= fernung den Blick an. Es stand breithingelagert auf einer mäßigen Anhöhe, die sich ostwärts an einen höheren Berg lehnte und in künstlichen Terrassen in ihn überging; eine Rampe von der Breite des Hauses, mit Hochgewächsen besetzt, erstreckte sich in den rund= umherlaufenden Garten hinein, der von einer Stein= brüstung umgeben das Plateau des Hügels burgartig umgürtete.

Trifels streckte entzückt die Hand aus. „Ein fürst= licher Besitz," sagte er, „das heißt, ein Wohnort, der eines Fürsten, der nicht nur den Namen trüge, sondern auch der ihm anhaftenden Pflicht obläge, würdig wäre. Statt dessen wird der Besitzer vermuthlich höchstens einige Wochen im Jahre dort zubringen, wie es bei uns zu Lande geschieht, um mit einer hochabligen Ge= sellschaft noblen Passionen dort obzuliegen und sich schon nach acht Tagen aus dem paradiesischen Thal auf die Boulevards von Paris und zu den bouffes parisiens zurücksehnen. Wem gehört das reizende Schloß?"

Herr Wölflin lächelte. „Diesmal betrügt Ihre

Divinationsgabe Sie doch, mein sehr lieber junger
Gast, denn der Besitzer dieses Hauses hegt nicht die
geringste Anwandlung von noblen Passionen, noch
von Sehnsucht nach den Pariser Boulevards, die er
nie betreten hat und voraussichtlich auch niemals im
Leben betreten wird. Auch nach den bouffes parisiens
empfindet er kein Verlangen, sondern Alles, was er
wünscht, ist, so friedlich und ungestört von der Welt
wie bisher in dem Kreise seiner Familie fortzuleben,
in den er Sie, sobald wir den Thorweg drüben erreicht haben, einzuführen sich vorhin von Ihnen die
Ehre erbeten hat."

Es zeigte sich in der That, daß Herr Wölflin bei
der Bezeichnung seines Eigenthums als einen „kleinen
Besitzes" die nämliche Bescheidenheit, die sein übriges
Wesen kennzeichnete, an den Tag gelegt hatte. Der
junge Mann sah erstaunt auf die überaus stattlichen
Wirthschaftsgebäude am Fuße des Hügels, vor denen
sich noch ein zweites, wenn auch weniger ansehnliches
Herrenhaus erhob, das den vom Besitzer erwähnten
Thorweg in der Mitte hatte, durch den der Wagen
jetzt auf den großen, mit Linden umstandenen Hofplatz
hineinrollte.

Mehrere Knechte eilten herbei; Herr Wölflin warf

einem derselben mit einem Gruß die Zügel zu und
sprang mit jugendlicher Rüstigkeit vom Sitz.

„Die Schimmel haben ein gutes Stück Wegs ge=
macht," sagte er, einem derselben den feuchten Hals
klopfend, „und so verübeln Sie es mir wohl nicht,
wenn ich Sie bitte, hier abzusteigen und den Pferden
den Weg auf die Höhe zu ersparen. Ein kleiner Gang,
Sie sehen, es ist nur Schußweite, ist uns nach der
Fahrt desto zuträglicher."

Trifels verließ bereitwilligst den Wagen ebenfalls
und erwiederte den respectvollen Gruß der Knechte mit
demselben „Grüeß Gott", das sie ihm boten. Herr
Wölflin faßte seinen Arm und ging mit ihm durch
den Thorweg zurück. Unter der Wölbung wandte er
sich noch einmal und winkte einem der Knechte.

„Sag' dem Herrn Verwalter, ich ließe ihn bitten,
heut' Abend noch einmal heraufzukommen," sagte er
und schritt mit seinem Gast um die Ecke, wo der Weg
die Anhöhe hinaufführte und ein geschmackvoller, mit
Moosen und Eispflanzen überwachsener Steinbogen
den Eingang in die Umwallung des Gartens bezeichnete.
Herr Wölflin hatte eine für die Kürze der Bekannt=
schaft ungewöhnliche Zuneigung zu seinem jungen Be=
gleiter gefaßt, die sich in der Vertraulichkeit kundgab,

4 *

mit der er seinen Arm in den des letzteren gelegt hatte
und in lebendigem Gespräch den Fragen desselben über
Dies und Jenes zuvorkam. Die Anlage des Gartens,
den sie durchschritten, erwies ihn als großen Blumen=
freund, und seine kunstvoll wartende Hand machte sich
überall bemerklich. Die Luft war ganz still geworden
und ein süßer, vielfacher Duft lag fast unbewegt über
den Gängen. Man wechselte jeden Augenblick das
Gebiet desselben, doch die Rosen, die sich in unglaub=
licher Fülle, Art= und Farbenverschiedenheit darstellten,
überwogen. Centifolien wölbten sich in dicken Büschen
über dem Haupt, scharlachroth blickte die Granatblüthe
aus dem Gezweig. Alles sprach trotz der Nähe des
Hochgebirges von mildem Klima und besonderer, gegen
rauhe Winde geschützter Lage des Thals.

Jetzt lag das schloßartige Gebäude nur mehr durch
einen elliptischen Rasen, in dessen Mitte ein Spring=
brunnen sich strahlenförmig ausbreitete, von dem Be=
schauer getrennt. Es zeigte sich als im späteren
Renaissancestil erbaut, die untere Hälfte seiner Front=
seite war von wildem Wein fast verdeckt, über den
zierliche Schmetterlingsblumen, ebenfalls in stilvoller
Form gehalten, lustig, wie schwebend zum oberen Theil
des Gebäudes hinaufgaukelten.

Eine Frau mittleren Alters befand sich auf der vorher erwähnten Rampe, die den Ankommenden entgegenblickte. Es war die Herrin des Hauses, die den Gast in artiger Weise willkommen hieß. Sie hätte einen Beleg für die öfter aufgestellte Behauptung abgeben können, daß langjähriger inniger Verkehr, zumal zwischen Eheleuten, nicht nur eine geistige, sondern häufig auch eine gewisse körperliche Aehnlichkeit herauszubilden befähigt sei. Frau Wölflin glich in der That ihrem Gatten nicht nur in Sprache, Auffassungsweise und jener sich nie hervordrängenden, aber die ganze Natur eines Menschen aufs gewinnendste kennzeichnenden wohlwollenden Art des Benehmens, welche vielleicht von allen menschlichen Eigenschaften die wirkungsreichste und stets das Merkmal einer feineren Herzensbildung ist; auch die Bildung ihres Gesichtes entsprach in ihren Grundzügen derjenigen ihres Gatten, so daß ihre ganze Erscheinung die einer in verhältnißmäßiger Jugendlichkeit erhaltenen, etwas zur Wohlbeleibtheit hinneigenden, doch lebensfreudig in die Welt hinausblickenden Frau war, deren sorgsam über der Stirn gescheiteltes, reiches Haar keinerlei Bestreben verrieth, die hie und da hindurchschimmernden grauen Fäden dem fremden Auge zu entziehen. Die einfache Kleidung,

deren Zuschnitt ihrem Alter entsprach, ohne irgendwie
auf vorzeitige matronenhafte Würde berechnet zu sein,
gab ihr ein stattliches Ansehen und offenbarte gleich=
zeitig geschmackvolle Wahl und denjenigen Grad von
Geringschätzung gegen die äußere Hülle, der, mit
Schönheitsgefühl verbunden, stets das am meisten an=
muthende Maß der Obsorge für diesen Gegenstand
bildet.   In den Zügen beider Eheleute stand zu lesen,
daß sie nicht nur freudige Jahre der Gemeinsamkeit
verlebt, sondern ebensowohl manches Leid mit einander
getheilt haben mochten; daß dies jedoch nur von außen
an sie herangetreten und es ihnen gerade durch die
unlösliche innere Harmonie möglich geworden, dasselbe
nicht nur kräftig zu überwinden, sondern sich auch in
gegenseitiger Weise den frischen Sinn für das kommende
Gute zu bewahren; wie sie zu Letzterem denn auch
das Wiedersehen nach eintägiger Trennung rechneten,
indem sie sich bei der Ankunft, einem jung vermählten
Paare gleich, in herzlicher Freudigkeit umarmten. Da
aber nicht leicht etwas einen wohlthuenderen Eindruck
erregt, als wenn man sieht, wie Menschen sich den
durch ihr Aeußeres angedeuteten Stürmen der Jahre
zum Trotz die Empfindungen und frische Natürlichkeit
der Jugend bewahrt haben, so fühlte der Gast sich

aufs heimathlichste angemuthet und führte, einer eigenen
plötzlichen Empfindung nachgebend, bei der Begrüßung
die Hand der Hausfrau an seine Lippen, was, da
dieser Gruß von Seiten eines Jüngeren älteren Damen
gegenüber gegenwärtig kaum irgendwo mehr häufig
gebräuchlich sein mag, zugleich aber mit artigem An-
stand ausgeführt, eine Huldigung umschließt, der ein
weibliches Gemüth sich nicht unzugänglich erweist, die
anspruchslose Frau vom ersten Augenblicke an mit
Wohlgefallen auf den jungen Fremden blicken ließ.
Es mochte dies übrigens noch durch irgend eine andere
Wahrnehmung vermehrt sein, die sie, nachdem sie
Trifels mehrfach voll mit den Augen überflogen, sobald es in schicklicher Weise anging, ihrem Gatten zu-
flüsterte, worauf dieser jedoch nur mit einem Achsel-
zucken, das Abneigung, auf ihre Bemerkung einzugehen,
aussprach, erwiederte. Statt dessen stellte auch er eine
Frage, die nur in der fragenden Betonung eines
Mädchennamens lag.

„Margarite?"

„Sie ist zum Tempel hinaufgegangen," versetzte
Frau Wölflin; „Françoise ist heut Mittag gekommen
und sie sind zusammen fort."

Herr Wölflin runzelte leise die Stirn. „Man

sagte mir in Straßburg, daß sie schon längere Zeit
vom Hause fort sei, doch man glaubte sie dort nach
Colmar."

„Du warst also beim Vetter?" fragte die Frau.

Er nickte kurz und sah auf das Thal hinunter,
das sich, in der Mitte von der Landstraße durchzogen,
an den Abhängen mit Weinbergen bedeckt, in wunder-
samer Friedlichkeit gen Westen entlang zog. Dann
sagte er:

„Dies amazonenhafte Umherfahren ist nicht nach
meinem Geschmack und kann unter Umständen gefahr-
voll werden —"

Er brach ab — „ich meine, wenn ihr eines Tags
ein Unfall mit dem Pferde zustößt," ergänzte er, „wie
mir heut', obgleich dieser Unfall seinen Namen mit
Unrecht trägt, da wir ihm das Vergnügen danken,
unsern jungen Gast hier bei uns zu sehen."

Frau Wölflin fragte jetzt halb erschreckt nach, ward
indeß durch die Erzählung des Vorgefallenen bald be-
ruhigt und entfernte sich darauf um für den Abendimbiß Sorge zu tragen. Die beiden Männer setzten
sich rauchend ins Freie vor die Gartensaalthür des
Hauses; es gewährte ein äußerst behagliches Gefühl,
so von mittlerer Höhe in den Thalgrund hinabzublicken

und den Stimmen, die hie und da heraufklangen, zu
lauschen. Manchmal rollte ein Wagen langsam die
jenseitige Anhöhe empor, ein Vogel schlug im Garten
noch einmal an, ließ aber sein Lied abendmüd wieder
fallen. Weit drüben sah man die gelben Halmspitzen
sich im Luftzug bewegen, die Sonne tauchte mit dem
unteren Rand an den Kamm des Berges.

Die beiden Beschauer hingen offenbar verschiedenen
Gedanken nach, welche die Stimmung der Natur in
ihnen weckte. Man konnte eigentlich nicht sagen weckte,
sondern forterhielt, denn sie waren seit ihrer ersten Be-
gegnung bei ihnen vorhanden gewesen, wenigstens die
Wolke, die auf Herrn Wölflin's Stirn lag, während die
eigenthümliche Spannung in den Gesichtszügen des
Jüngeren erst in dem Augenblick begonnen, in dem
er den angebotenen Platz auf dem Wagen eingenommen.

Ein Schritt tönte jetzt durch den Garten und ein
respectvolles „Bon soir, Herr Wölflin!" ward
vernehmbar.

Es war der Verwalter, den der Gutsherr zu sich
gebeten, eine kräftige Gestalt mit intelligenten Zügen.
Herr Wölflin begrüßte ihn und sagte:

„Ich habe meine Ansicht, die ich Ihnen gestern
Abend aussprach, geändert. Das Korn ist in der That

in den letzten sonnigen Tagen mehr gereift, als ich
gedacht, und wir wollen morgen mit dem Schnitt be=
ginnen. Laſſen Sie die Leute mit Tagesanbruch an=
fangen und alle übrige Arbeit einſtellen.“

Der Verwalter zeigte ſich ſichtlich überraſcht. Es
dauerte einige Zeit, bis er die Gegengründe geſammelt,
die aus ſeiner genauen Kenntniß der Verhältniſſe er=
wuchſen, dann legte er ſie berathend dar. Es waren
für eine ſo unerwartet ſchleunige Inangriffnahme der
Ernte mannigfache Schwierigkeiten zu überwinden, wie
er auch andrerſeits ſeine Anſicht nicht verhehlen zu
dürfen glaubte, daß eine Friſt von etwa acht Tagen
dem Ertrag noch durchaus erſprießlich ſein werde. Es
ſei dies außerdem die Meinung aller übrigen Land=
leute, deren Beſitz ſich in der Umgegend befinde, und
dieſe vielleicht noch beachtenswerther, als die Felder
derſelben in den angrenzenden Thälern ſich tieferer
Lage erfreuten und die Kornreife dort aus dieſem
Grunde ſtets um einige Tage vorgeſchrittener ſei.

Herr Wölflin hörte aufmerkſam zu. Er erwiederte,
daß er vollſtändig von der Gewichtigkeit dieſer Gründe
überzeugt ſei, allein dennoch auf ſeinem Entſchluß be=
harre.

„Sie wiſſen,“ ſagte er, „daß die reichſte Ernte,

nicht eingebracht, keinen Werth besitzt und von einer
geringeren, die wohl eingescheuert worden, weit über=
troffen wird. Sie wissen ebenfalls, daß das gute Ein=
bringen von der Witterung abhängt, und ich hege die
Befürchtung, daß diese nicht lange mehr ihren günstigen
Charakter beibehalten wird."

Er blickte bei diesen Worten nach dem Horizont,
und der Verwalter that unwillkürlich das Nämliche.
Es geschah von beiden Seiten jedoch mit verschiedenem
Erfolg, denn während der Letztere aussprach, daß er
aus dem Anblick des vollständig heiteren Gesichtskreises
nicht die Vermuthung einer Witterungsänderung zu
schöpfen vermöge, beharrte Herr Wölflin auf seiner
Annahme, daß eine solche bevorstehe, und damit auf
seiner Entscheidung, indem er nur noch hinzufügte,
daß er dieser Ueberzeugung weniger durch meteoro=
logische Anzeichen als durch die Empfindlichkeit einer
alten Kopfwunde, die sich vor eintretendem Witterungs=
wechsel bemerklich mache, theilhaftig werde.

Somit entfernte sich der Verwalter wortlos, seine
Verwunderung und seinen Verdruß nicht ganz ver=
bergend, daß der sonst verständige und gutem Rath
jederzeit zugängliche Herr eine so wichtige Angelegen=
heit wie die vorzeitige Inangriffnahme der Ernte

von einem subjectiven und zweifelsohne oftmals trüge=
rischen Gefühl abhängig mache, und in der That er=
regte die Hartnäckigkeit, mit der Herr Wölflin auf
seinem Willen bestanden und eine besonnene Abwägung
der Bedeutsamkeit der gegenseitigen Gründe kurz von
der Hand gewiesen hatte, den Eindruck eines der Sach=
kenntniß des Verwalters gegenüber keineswegs berech=
tigten, launenhaften Verfahrens. Es widersprach so
der begründenden Natur, die er sonst an den Tag ge=
legt, daß es Trifels, obgleich dieser an der Sache völlig
unbetheiligt und kein competenter Beurtheiler war,
auffiel, so daß er nach dem Fortgang des Verwalters
das Gespräch darauf zurückzuleiten beabsichtigte. Doch
ward er hieran durch eine Bewegung Herrn Wölflin's
verhindert, der sich plötzlich erhob und den Hut lüftend
einem durch den Garten heranschreitenden Fremden
seinen Gruß zuwinkte.

Der Kommende war eine eigenthümliche Erschei=
nung, die unter allen Verhältnissen die Augen auf
sich ziehen mußte. Lang, von hagerer und scharfer
Gesichtsbildung, fiel das ebenfalls lange, volle Haar
weit aus den Schläfen gestrichen gelbweiß in den Nacken
und auf einen Theil der Schultern zurück und ließ
den stark und gedankenvoll vorgebildeten Schädel auf der

erſten Blick in beinahe unſchöner Weiſe hervortreten.
Im Einklang damit ſtanden die breiten, über dem Naſen=
rücken verwachſenen bogigen Brauen, während ein
ſanfter, wie in die Ferne gerichteter Blick unter ihnen
einen Gegenſatz dazu bildete, der die Beurtheilung der
Perſönlichkeit verwirrte und ihr gleichſam ein doppeltes
Gepräge verlieh, von denen der feſte, geiſtvoll ge=
ſchnittene Mund wieder dem erſteren anzugehören
ſchien. Die Figur war, ob infolge des Alters oder
langer Gewohnheit, eine ſteife, und die Bewegung zu=
gleich ungelenk und für das beträchtliche Alter des
Herannahenden kraftvoll und hurtig, die Gewöhnung
des Gehens verrathend. Er ſtützte ſich auf einen ein=
fachen Krummſtock und kam raſch und ohne Athem=
noth die Anhöhe herauf.

Herr Wölflin trat ihm entgegen. „Grüß Gott,
Freund Magiſter,“ ſagte er, die Hand ausſtreckend,
„Sie kommen recht. Margarite wird Freude an Ihrem
Ausſehen haben, d. h. Sie wiſſen, wir haben es nicht
minder, doch Sie ſehen aus als ob Sie ſich in den
vierzehn Tagen Ihres Fortſeins um zehn Jahre ver=
jüngt hätten.“

„Ja, das Gehen thut wohl,“ verſetzte der Alte.
„Ich bin auf dem Belchen geweſen, das verjüngt.

Dann habe ich das Weilerthal besucht, Markirch
— Sainté Marie aux Mines, wie sie's nennen —
es ist, wie ich gefürchtet."

„Aber, Magister, es sind Romanen," fiel Herr
Wölflin ein, „uralt wie im Engadin in der Schweiz —"

„Verbreiten sie sich in Graubündten?" fragte der
Greis heftig. „Fragen Sie nach, sie nehmen dort
von Jahrzehnt zu Jahrzehnt ab. Das ist naturgemäß,
ist das Schicksal jedes Sprachrestes. Aber erkundigen
Sie sich in Schnierlach, im alten Hohenack, und Sie
werden erfahren, daß sie vordrängen, häuserweise in
Jahrzehnten. Das thut keine todte Sprache."

Er hatte eifrig, des Gegenstandes voll gesprochen,
jetzt gewahrte er Trifels' Gegenwart und begrüßte den=
selben. Herr Wölflin machte in kurz erklärender Weise
die Fremden unter einander bekannt. Er nannte den
Ankömmling „Magister Diepold, den ältesten Freund
und langjährigen Mitbewohner des Hauses", und
recapitulirte, soweit es erforderlich schien, sein Zu=
sammentreffen mit Trifels.

Der Magister bot dem Letzteren herzlich die Hand.
„Willkommen aus dem glücklicheren Vaterland," sagte
er; „Ihr Name allein ist ein schöner, wohlthuender
Gruß, eine trostvolle Verheißung."

Der junge Mann erröthete abermals leicht; Herr Wölflin schien es wahrzunehmen und sagte, da der Grund dafür in den Worten des Alten enthalten sein mußte, zugleich mit dem Bestreben, die Gedankenrichtung derselben zu unterbrechen:

„Sie sind erhitzt, Diepold; ich habe für Ihre Gesundheit Sorge zu tragen, wenn ich Ihrer habhaft bin, und der Arzt regt sich in mir, der Ihnen Abkühlung im Hause verordnet."

Er klopfte dem Magister auf die Schulter, das Lächeln, mit dem er die Worte begleitete, verrieth, daß eine nur dem Alten verständliche Doppeldeutigkeit darunter zu suchen sein mochte. Doch dieser setzte sich, die Feuchtigkeit von der breiten Stirn abtrocknend, und entgegnete:

„Sie wissen, ich sterbe nur in Deutschland und brauche nicht furchtsam zu sein, und sollten Sie mich durchfüttern müssen, bis ich zu Methusalem's Jahren komme."

Es mußte ein verborgener Sinn auch in diesen unverständlichen Worten liegen, denn Herr Wölflin erwiederte fast spöttisch: „So alt und abergläubisch wie ein Kind; sagen Sie lieber, zu den Jahren des ewigen Juden." Doch dann setzte er mit scharf accen=

tuirter Frage plötzlich hinzu: „Haben Sie Zeitungen
in den letzten Tagen gesehen?"

„Wie sollte ich? In den Bergen hat man Besseres
zu thun."

„Die Regentschaft in Spanien hat dem Prinzen
von Hohenzollern die Krone angeboten," fuhr Herr
Wölflin fort.

„Man hat mir's irgendwo erzählt, und er hat sie
ausgeschlagen," bemerkte der Alte gleichgültig; „der
junge Mann ist klug und zeigt sich seines Namens
werth. Ein Germane auf einem romanischen Thron
wäre eine ebenso große Thorheit und würde so rasch
ein Ende nehmen, wie der umgekehrte Fall."

Herr Wölflin engegnete nichts darauf und die drei
Männer setzten sich zusammen auf den Platz vorm
Hause. Bald gesellte sich die Hausfrau zu ihnen und
das Gespräch ging, sich über verschiedenste Gegenstände
verbreitend, hin und her. Manches blieb Trifels fremd,
doch mit seinem Tact enthob eine Bemerkung seiner
Wirthe ihn fast immer so weit der Unkenntniß des be-
rührten Themas, daß er daran theilzunehmen im
Stande war. Vorwiegend drehte indeß sich das Gespräch um solche Dinge, die ihm durch das allgemeine
Interesse, das er an den Gebieten nahm, denen sie

angehörten, offen standen, wenn er auch das über=
legene Unterrichtetsein des Fremden in ihnen empfand
und willig anerkannte. Aus hier und da entfallenden
Andeutungen ging hervor, daß dieser, dessen Alter
sicherlich auf siebzig Jahre zu schätzen sein mochte,
bereits der Informator Wölflin's gewesen war und
dies Lehreramt im selben Hause auch bei der folgenden
Generation verwaltet hatte. In der Zwischenzeit schien
er eine dem nämlichen Beruf angehörige Stellung
im Staate bekleidet, dieselbe jedoch, weil er sich ge=
weigert, eine ihm auferlegte Vorschrift zu erfüllen,
verloren zu haben. So viel wurde ersichtlich, daß
Letzteres eine Vermehrung des französischen Unterrichts,
oder vielmehr des Unterrichts in französischer Sprache
betroffen, der er sich beizupflichten geweigert, ohne
Rücksicht auf die Mittellosigkeit zu nehmen, welcher er
sich dadurch in bereits vorgerückten Jahren ausgesetzt.
Doch schien eine derartige Rücksichtsnahme in Fällen,
wo seine Ueberzeugung ins Spiel trat, mit seinem
ganzen eigenartigen Wesen schlechterdings unvereinbar,
wie es denn im Verlaufe des Gesprächs nach kurzer
Zeit schon unverkennbar ward, daß er auch in zwischen
ihm und Wölflin bestehenden Gegensätzen hartnäckig
seinen Standpunkt behauptete und der langjährigen

Freundschaft keine andere Einwirkung auf seine Sinnesart einräumte als der ergebnißlos versuchten Zwangs-
übung des Staates.

Es bedurfte im übrigen nicht langer Unterredung,
um in ihm einen der genauesten Kenner des Elsasses
ausfindig zu machen, der in jeder Richtung mit dem
Lande, seiner Geschichte und seinen Verhältnissen aufs
innigste vertraut war und dessen Specialkenntnisse
Herr Wölflin als ein zweifelloses Orakel betrachtete.
Er kannte jeden Fußsteig in den Vogesen, die er ausschließlich als den Waskenwald bezeichnete, und war
nach dem hier passend angewendeten tropischen Ausdruck ebenso sicher in allen Sagen, Ereignissen und
Denkwürdigkeiten der Vorzeit bewandert, so daß er
einer lebendig umherwandelnden historisch-ethnogra-
phischen Encyklopädie des Elsasses glich. Dazu gesellte sich ein reger, oft sich enthusiastisch bewährender
Eifer für Dichtkunst und andere Künste, auf deren
Gebieten, soweit sie innerhalb des Wirkungskreises
seines Heimathlandes lagen, sein Wissen gleichfalls
unangreifbar erschien; sein Steckenpferd aber, wie Jeg-
licher denn ein solches zu haben pflegt, bestand in der
sorgfältigen Ueberwachung des Vorbringens der französischen Sprache in das deutsche Zungengebiet des

Elſaſſes, worauf ſich auch ſeine erſten Worte nach der
Begrüßung an Herrn Wölflin bezogen hatten. Es
war ſeit langen Jahren ſeine Gewohnheit, allſommerlich
eine Fußwanderung zu dieſem Behuf durch das Gebirg
zu unternehmen, und ſelten ereignete es ſich, daß der
Alte von dieſer fröhlicher heimkehrte, als er aus=
gegangen, da die Ergebniſſe ſeiner Forſchung der Natur
der Sache gemäß niemals poſitiven Gewinn, wohl aber
zumeiſt, wenn auch geringfügige, doch greifbare Ver=
luſte zu verzeichnen hatten. An dieſen nahm auch Herr
Wölflin regen Antheil, und wenn er die Nachricht
über dieſelben heute mit einem ungläubigen Lächeln
begrüßt hatte, ſo lag ein Beweis darin, daß ſeine
Gedanken von etwas Anderem erfüllt ſein mußten, das
ein Gegengewicht gegen die Mittheilung des heim=
kehrenden Freundes zu bilden geeignet war.

In der That lag es im Anfang etwas wie jene
Verſtimmung über der kleinen Gruppe, die daraus
entſpringt, daß Jeder dasjenige, dem er am liebſten
Ausdruck verleihen würde, als unzeitig oder ungeeignet
für die Gedankenrichtung des Anderen empfindet, ein
Zuſtand, durch den unter Nächſtbefreundeten eine ge=
wiſſe Reizbarkeit zu entſtehen vermag, deren Gefühl
gegenſeitig zur Schweigſamkeit anräth. Doch ſobald

5 *

Frau Wölflin, sich in theilnehmender Weise nach den kleinen Erlebnissen Diepold's auf seiner Wanderung erkundigend, hinzutrat, belebte sich das Gespräch, und der Magister begann, durch die Gegenwart des jungen Fremden angeregt, eine Mittheilung nach der anderen hervorzuholen, die bald von der Gegenwart abirrend, sich in den geschichtlichen Zusammenhang der Dinge vertiefte und eine ebenso geistvolle als thatsächliche Verknüpfung scheinbar verschiedenartigster Gegenstände darlegte. Es kam ihm dabei zu statten, daß Trifels in den letzten Tagen Straßburg, den Mittelpunkt des Elsasses in Vergangenheit und Gegenwart, besucht und seinen Denkwürdigkeiten sich nicht mit der oberflächlichen Neugier des Touristen, sondern mit lernbegieriger Aufmerksamkeit zugewendet hatte, so daß er für manche Darstellung des Alten die wichtigen Vorzüge, welche jederzeit die Autopsie gewährt, besaß. Auch von den sagenreichen Burgtrümmern, deren Diepold mit besonderer Freude Erwähnung that, hatte er manche aufgesucht, wie die zu Niedeck, wohin das Märchen das riesenhafte Burgfräulein verlegt, das sich den pflügenden Bauer mitsammt seinem Ackerwerkzeug und Gespann als Spielzeug in der Schürze auf ihre Kammer heraufholt, sowie die Stelle auf der Tronje, die

Burg des grimmen, die deutsche Vasallentreue des
Mittelalters verkörpernden Hagen gestanden haben soll.
Ab und zu blickte Frau Wölflin während des Ge=
spräches auf und ließ ihre Augen, wenn Trifels den
Blick von ihr abwandte, nachdenklich auf seinen Zügen
verweilen, während der Alte die Gelegenheit wahrnahm,
einer, wie es schien, bei ihm obwaltenden Lieblings=
neigung zu allegorischen Betrachtungen nachzugeben
und mit einem scharfen Blick auf Herrn Wölflin eine
Parallele zwischen dem Treuverhältniß, das zwischen
Hagen und König Günther, wie zwischen dem Elsaß
und dem deutschen Reich bestanden, hervorhob. Indem
er die erstere um so nachdrücklicher mit begeisterten
Worten pries und die Sinnesart, aus der sie ent=
stamme, als das köstlichste Kleinod des deutschen Volkes,
wie des Menschen überhaupt, verherrlichte, schloß er
damit, daß von dem Verlauf der anderen sich eben
nichts Rühmliches sagen lasse, als daß das Elsaß der
Vorbedeutung, die in seinem alten Namen Alisaz, das
heiße „Fremdsitz" gelegen, gefolgt, und daß das Ge=
schlecht der Hagen von Tronje in ihm von Jahr zu
Jahr mehr im Aussterben begriffen sei. Die letzten
Worte begleitete er mit einem abermaligen Blick auf
Herrn Wölflin, dessen Stirn sich etwas zusammenzog

und der mit einiger Betonung einschaltete, daß er den Hauptgrundzug der Treue im Nibelungenliede in dem Festhalten an der Freundschaft auch bei nicht übereinstimmender Sinnesart, sowie in der Unverletz= lichkeit des Gastrechts gewahre, zweien Eigenschaften, deren Mangel seines Wissens den heutigen Bewohnern des Elsasses so wenig wie früher zum Vorwurf ge= macht werden könne. Es war erkennbar, daß der oben erwähnte Gegensatz in dieser Richtung verborgen sein mußte und schon in früherer Zeit hie und da zu Auseinandersetzungen geführt haben mochte, welche, obwohl sie niemals zu einem Bruch des freundlichen Einvernehmens ausgeartet, doch von der Hausfrau ge= fürchtet und nach Kräften verhütet zu werden schienen. Demgemäß mußte sie auch jetzt durch eine passend ein= geworfene Frage den Magister der Nothwendigkeit zu überheben, auf die Aeußerung Wölflin's als auf das zuletzt Gesagte, zu erwiedern, und durch ihre ebenso geschickte als scheinbar einfache Vermittelung glitt das Gespräch in unbefangenster Weise auf das Gebiet der Kunst und Literatur, bezüglich der Antheilnahme des Elsasses an beiden, hinüber. Da war es begreiflich vor allem das die Jahrhunderte überragende Meister= werk des großen Baukünstlers, der allerdings an der

Begründung des Straßburger Münsters keinen Theil
gehabt, dem jedoch im dreizehnten Jahrhundert vom
Bischof Conrad von Lichtenberg die künstlerische Weiter-
führung vertraut worden, dessen eingehendst gedacht
wurde. Trifels hatte das mit einem Steinwürfel ge-
kennzeichnete Familiengrab Erwin's im Innern des
Münsters mit Pietät betrachtet und erfuhr aus
Diepold's Munde manches ihm Unbekannte über den
Lebensgang und die Schicksale des ausgezeichneten
Mannes, der das erhabenste deutsche Bauwerk des
Mittelalters gleichsam als ein Mausoleum seiner ir-
dischen Asche, den Pharaonenpyramiden am Nil nicht
unähnlich, hinterlassen hatte. Auch der Bauhütten,
welche der einen mehrhundertjährigen Zeitraum in
Anspruch nehmenden Errichtung des Münsters ihren
Ursprung verdankten und sich allmälig mit eigner
Gerichtspflege über ganz Deutschland zu einer mit
symbolischen Zeichen versehenen Genossenschaft ausbrei-
teten, wurde Erwähnung gethan, bei welcher Gelegenheit der Magister die Bedeutsamkeit derselben in einer
von humanitären Bestrebungen wenig beeinflußten
Zeit, so wie den dem deutschen Volke tief innewohnen-
den Zug auch nach geistiger Genossenschaft ansprechend
hervorhob, zugleich aber auch treffend darauf hinwies,

wie die schließlich aus jenen Bauhütten hervorgegangenen
Freimaurerbünde in unseren Tagen bei den völlig ver=
änderten Staatsverfassungs= und Culturverhältnissen
besonders durch eine lächerliche Geheimnißthuerei mehr
eine inhaltslose und unter allerei Floskeln ihre Ge=
dankenlosigkeit verbergende, zeitverschwenderische Spie=
lerei darstellten. Auch der Elsässer Malerei, die sich
jedoch der Hauptsache nach auf die Schule des Augs=
burger Meisters Martin Schongauer beschränke, ward
— jedoch nur vorübergehend — gedacht, da es sich
bald ergab, daß das Hauptinteresse der Betheiligten
sich in den Erzeugnissen der Literatur vereinigte, die
ziemlich ab ovo, nämlich von dem Reinigungspro=
ceß an, den Heinrich der Gleißner mit der ursprüng=
lich deutschen, im Lauf der Zeit aber romanisirten
Thiersage unternommen, einer fortlaufenden Betrach=
tung unterzogen wurde. Das Waltharilied ward als
elsässisches Eigenthum reclamirt; eine interessante Pa=
rallele ließen die beiden im Klange ihres Namens
ebenso nahe verwandten, wie in ihrer dichterischen
Richtung auseinanderstrebenden mittelalterlichen Sänger
Otfried von Weißenburg und Gottfried von Straßburg
zu, Beide in ihren Werken, dem Krist und Tristan
und Isolde, allerdings die Liebe schildernd, jener aber

die dem Mönchsleben homogene, entsagende und unir-
dische Liebe der Evangelienharmonie, dieser die in
Farbengluth und heißer Leidenschaft prangende, Alles
überwindende und sich selbst als höchstes Lebensziel hin-
stellende Minne der in der dominirenden Gewalt ihrer
Empfindungen tiefer aufgeregten Vorzeit.

Trifels wollte dem Letzteren nicht seine Zustimmung
geben. Er glaubte, daß die Aenderung der socialen
Verhältnisse allerdings in vielen Richtungen ihre Einwirkung auf die Erregbarkeit der Volks- und Menschen-
natur geübt habe, daß aber Umstände noch heute eine
ebenso tiefgreifende und todtverachtende Innigkeit und
Leidenschaftlichkeit zu erzeugen vermöchten, wie in dem
glühenden Gedicht des Meisters Gottfried, da die Geschichte zeige, daß in dieser Hinsicht das innerste Wesen
sowohl bei der Frau wie beim Mann von der Um-
wandlung der übrigen Lebensbedingungen unberührt
bleibe. Nur müsse man zu einer solchen Beweisführung ähnlich obwaltende Umstände heranzuziehen verstatten und die Belege nicht aus einer gleich trägem
Fluß in der Ebene ereignißlos hinschleichenden Periode
fordern. Doch sobald die Zeit sich zu einem hoch-
fluthenden Gebirgsstrom umgestalte, Ungewöhnliches
und die ordinären Schranken der Existenz Ueber-

wältigendes in die Gleichmäßigkeit des Daseins herein=
breche, da offenbare sich stets auch in mehr oder
weniger Fällen die Unwandelbarkeit der Stärke ur=
sprünglicher Triebe in der menschlichen Natur sowohl
nach der erhabenen, wie nach der abstoßenden Seite
hin, wovon, um des noch in der Erinnerung Lebender
Vorhandenen zu gedenken, beglaubigte Vorgänge aus
den Jahren der französischen Revolution, wie aus
denen der deutschen Befreiungskriege noch in unserm
Jahrhundert die mannigfaltigsten und redensten Zeug=
nisse ablegten.

Der junge Mann sprach mit der Wärme der an
dem Gegenstand noch lebendig selbst interessirten
Jugend für diese Anschauung und gewann Frau Wölf=
lin, die sich seiner Beredtsamkeit mit jener Theilnahme
erfreute, welche Frauen stets Demjenigen zuwenden,
der ihrem Geschlecht eine gemeiniglich angezweifelte
Leistungsfähigkeit zuspricht, für seine Sache, während
die beiden älteren Männer den Sprecher um seine
Jahre und die mit diesen als schönstes, aber. leider
nicht dauerhaftes Lebensglück verknüpften Illusionen
beneideten. Die Hausfrau dagegen sagte:

„Obwohl ich mich keineswegs damit als Lobpreiserin
derartig über das Maß unserer Zeit hinausgehender

erregbarer Gemüthsart betrachtet wissen will, so glaube
ich doch, daß gerade wir aus unserer nächsten Um=
gebung ein Beispiel für dasjenige, was Herr Trifels
gesagt, aufzuweisen haben, von dem ich das Gefühl
hege, daß es sich unter veränderten Verhältnissen je
nach Gunst oder Ungunst derselben erhaben oder ab=
stoßend, wie Sie sich ausdrückten, zu bewähren ver=
möchte."

Es trat eine kleine Pause ein. „Du denkst an
Françoise?" sagte Herr Wölflin.

Seine Gattin nickte, der Magister fuhr fast heftig
auf und rief:

„Ist sie schon wieder hier im Hause?"

„Mich wundert vielmehr," versetzte Frau Wölflin,
„daß sie, da sie Ihre Abneigung gegen sie genugsam
kennt, erst heute gekommen ist und nicht die Zeit
Ihrer Abwesenheit benutzt hat, einige Wochen in von
ihrem Standpunkt aus ungestörter Weise mit Mar=
garite zuzubringen. Im übrigen, Freund, habe ich
Ihnen meine Meinung stets nicht verhehlt, daß Sie
dem Mädchen gegenüber noch ungerechter verfahren,
als selbst Wölflin es thut, und jedenfalls zum großen
Theil an der Art, die sie Ihnen entgegenträgt, selbst
die Schuld auf sich laden. Sie haben sie gegen die

frühzeitige Absicht, welche die Natur mit ihr offenbarte, als ein unselbständiges Kind behandelt; weil
ihr ungewöhnlich reges und leicht verletzliches Selbst-
gefühl sich dagegen auflehnte, betrachteten Sie Françoise
späterhin als nicht vorhanden. Das wendete sie noch
mehr von jedem Einfluß, den Sie auf ihre Art hätten
üben können, ab, denn jeder Mensch, und die Jugend
am meisten, besitzt ein Bewußtsein der Existenz und
des eingeborenen Rechtes, Anerkennung 'derselben zu
verlangen. Sie verstehen mit Pflanzen aufs sorg-
samste und verständnißvollst umzugehen, und wissen
dort recht wohl, daß nicht die eine bei der nämlichen
Behandlung gedeiht wie die andere — "

„Ich habe stets nur Sinn und Liebe für ein-
heimische, nicht für ausländische gehabt," warf der Alte
als Erwiederung ein. „Daß die letzteren nicht gedeihen, liegt am Boden, nicht an der Behandlung;
mögen sie sich dort ansiedeln, wo sie heimisch sind und
die Bedingungen ihres Fortkommens finden. Hier
aber sind sie mit aller schillernden Farbenpracht nur
schädliche Parasiten, die ein vorbedachter Gärtner zeitig
ausreuten würde, um zu verhüten, daß sie die seinem
Garten angehörigen Pflanzen überwuchern."

Frau Wölflin schwieg, wie es schien, mit Rücksicht

auf den am Tisch befindlichen Fremden, und es trat
eine ziemlich peinliche Stille ein, die der Magister in
der Empfindung, daß er den Anlaß dazu gegeben hatte,
dadurch unterbrach, daß er den Gegenstand, von dem
das Gespräch abgeirrt war, wieder aufnahm. Bald
nahmen auch die Uebrigen, durch seine treffliche Art
angeregt, lebendig wieder an der Darstellung und den
Citaten, die er aus der Kanzelprosa Tauler's und
Geiler's von Kaiserberg aus dem Gedächtniß vortrug,
Antheil. Trifels erkannte in der volksthümlichen Be=
redtsamkeit und zugleich dichterisch = drastischen Aus=
drucksweise der beiden Vorläufer der Reformation die
Aehnlichkeit mit den bilderreichen antithetisch=wirksamen
Reden Abraham's a Santa Clara an, und es ent=
wickelte sich ein lebhafter Wettstreit, aller der Verdienste
Erwähnung zu thun, welche das elsässische Land sich
um die Begründung und Ausbreitung des Protestan=
tismus erworben. Dies Gebiet erregte auch die Mit=
theilungslust des Hausherrn in eingehendster Weise.
Der Aufenthalt Gutenberg's in Straßburg und der
damit im Zusammenhang stehende Druck der ersten
deutschen Bibel in der Eggenstein'schen Druckerei aus
dem Jahre 1466 ward erwähnt. Dann die fast auf
protestantischen Principien fußende Gründung der

Schulen von Sturm in Straßburg und Dringenberg
in Schlettstatt, denen sich die Stiftung der „Straßburger gelehrten Gesellschaft" durch Wimpheling an-
reihte, welche die humanistischen Wissenschaften zum
Gegenstande ihrer Bestrebungen machte und die Grund-
lage der um achtzehn Jahre später zu Straßburg ge-
stifteten Universität legte. An dieser regte sodann
eine Zahl vortrefflicher Lehrer die Grundsätze der Hu-
manitas an, deren Namen wohl Anspruch darauf besitzen, der Vergessenheit, mit der die Haupt- und
Staatsactionen der folgenden Jahrhunderte sie über-
schütten, entrissen zu werden. Doch auch etwas, woran
die letztere Bezeichnung erinnert, ging zuerst aus der
Straßburger Universität hervor, die Aufführung latei-
nischer Dichtungen, aus denen die dramatische Dichtkunst des Oberrheins sich entwickelte. Zugleich gründete
Wickran in Colmar eine Meistersängerzunft, die würdig mit derjenigen Nürnbergs wetteiferte, während
Straßburg als Führerin des Elsasses sich an den
großen kirchlich-politischen Handlungen der Reformation
rühmlich dadurch auszeichnete, daß es an der Spitze
der Unterzeichner des Speier'schen Protestes und der
Augsburger Confession stand.

Das waren ruhmwürdige Gedächtnißblätter aus

der Geschichte des schönen Landes und Herr Wölflin
war derjenige der kleinen Gesellschaft, dessen tiefer
Widerwille gegen den Jesuitismus es mit sich brachte,
daß er des Unterschiedes zwischen der Gegenwart und
jener Zeit, in welcher das Elsaß sich ausnahmslos der
Reformation angeschlossen hatte, am erregtesten gedachte.
Der Magister benutzte diese Gelegenheit, um nachdrück-
lich darauf hinzuweisen, in welchem engsten Zusammenhang die Verdrängung des Protestantismus mit der
Trennung des Elsasses vom deutschen Reich gestanden,
ohne die nach dem dreißigjährigen Kriege so wenig wie
in der Pfalz oder im südwestlichen Deutschland ein
staatliches Interesse an der gewaltsamen Einimpfung
des Katholicismus sich geltend gemacht haben würde,
allein der Hausherr schien bereits zu bedauern, seiner
Erregung allzu unverhohlen Ausdruck verliehen zu
haben und lenkte das Gespräch in geschickter Weise auf
seinen literarischen Ausgangspunkt zurück, wo denn
die bisher ihrer eigenartigen Richtung halber noch nicht
erwähnten bedeutendsten Schriftsteller des Elsasses ihre
vollste und verdienteste Würdigung fanden. Ja, es stellte
sich die einstimmige Ueberzeugung Aller heraus, daß
das elsässische Trifolium Thomas Murner, Sebastian
Brant und Fischhart überhaupt als die klassischen Ver-

treter des Humors und der Ironie in der deutschen
Literatur des Beginns der Neuzeit zu betrachten sei,
die bis zu unserem Jahrhundert nicht wieder erreicht
worden und noch heute in mancher Richtung, vorzüg=
lich in ihrer volksthümlichen Wirkungsart unübertroffen
daständen.   In gleicher Weise dürften um ein Jahr=
hundert später Moscherosch und besonders Grimmels=
hausen durch seine ethnographisch und culturgeschichtlich
unvergleichlich werthvolle, die Zeitverhältnisse des dreißig=
jährigen Krieges mit der Treue moderner Photographie
darstellende Schilderung der Erlebnisse des Simplicissimus
für das Elsaß den Besitz eines Unicums begründen,
insofern der Roman des Letzteren zum mindesten in
diesem Lande entstanden und zu Mömpelgard gedruckt
worden.   Doch auch die wissenschaftlich=historischen Werke
Sebastian Frank's und die culturgeschichtlich bedeutungs=
volle Sammlung Zincgrefs „der Teutschen scharfsinnige
kluge Sprüch" zeigten sich rühmlichster Erwähnung
werth.

„So", sagte Diepold, zum Schluß das Ergebniß,
zu dem Jeder nach seinen Kenntnissen, er selbst jed
weitaus am meisten beigetragen, „erweist das El aß
sich nach allen Richtungen als einer der hervorragend e
Vorkämpfer für dasjenige, worin das deutsche V lk

das edelste von allen, von jeher den Grund seiner
inneren, die Welt des Gedankens beherrschenden Größe
gefunden, welche mir, wie Sie wissen, Wölflin, die
Zuversicht verleiht, daß es sich auch die äußere Größe
und die alte Stellung, welche ihm im Kreis der
Culturvölker gebührt, wieder erringen werde, ja daß
es meinem Alter vergönnt sein wird, nicht hinzugehen,
ehe ich den Eintritt dieser Weltnothwendigkeit gewahrt.
Sie nennen es Aberglauben und Sie mögen es thun;
man hat mit diesem Worte stets das belegt, was man
nicht begriff, und die Nachwelt hat nicht den Aber=
glauben, sondern seine Anzweifler belächelt. Doch ist
es nicht das, was es mich jetzt auszusprechen treibt;
unser Gespräch und Ihre Gegenwart, mein junger
Freund, wenn Sie mir die Anrede verstatten, drängt
mich, darauf hinzuweisen, wie diese geistige Triebkraft,
die dem Elsaß innewohnt, nur so lange ihre Blüthen
entfaltete, als es, dem Antäus der griechischen Mythe
gleich, mit seinem körperlichen, seinem staatlichen Da=
sein sicher und unzertrennlich auf dem deutschen Mutter=
boden ruhte. So lange herrschte in ihm das Empor=
streben, der Gedanke, besaß es eine Seele. Da trat
vom Westen der Herkules an das Elsaß heran —
freilich ein Herkules nur, weil Deutschland ein zer=

brochener Pfeilbund geworden — er hob es von der
Muttererde in die leere Luft und erstickte es, dem
keine Kräfte mehr nachwuchsen, mit gewaltiger Um=
armung. Zwei Jahrhunderte sind seitdem vergangen,
und das Land, das Sie vor sich sehen, ist todt. Es
erzeugt noch Korn und Wein, weil die Erde frucht=
bar geblieben, aber keine Gedanken mehr, denn die
auf der Scholle wohnen, sind unfruchtbare, leere
Körper ohne Geist und ohne Gedanken. Ihre Vor=
fahren waren ein Stolz des großen, gemeinsamen
Vaterlandes, auf jedem Blatt der deutschen Geschichte,
der deutschen Kunst und des deutschen Gedankenlebens
stehen ihre Namen ruhmvoll verzeichnet. Aber die
Vergangenheit ist todt, das Band zerrissen, die Er=
innerung ausgelöscht. Ein erbärmliches, thierisches
Dasein, in welchem jede höhere Begabung durch
wälsches Gift langsam ertödtet worden — das ist das
Elsaß, seitdem es, von den Seinen abgetrennt, zu
Frankreich gehört."

Der alte Herr hatte es mit dem Ausbruch einer
sich immer mehr steigernden Heftigkeit gesprochen,
während Wölflin mehrfach den Mund geöffnet, um
ihn zu unterbrechen, seine Absicht jedoch jedesmal zu=
rückhielt, obwohl man deutlich gewahrte, daß ihm das

Blut klopfend in die Schläfen hinaufstieg. Seine
Gattin warf einen besorgten Blick auf sein stark ge-
röthetes Gesicht und versuchte, indeß vergeblich, einige
Male durch verschiedene Mittel den Redefluß des
Magisters zu hemmen. Die genaue Kenntniß ihres
Mannes mochte ihr sagen, daß sie, wenn derselbe auf
den Schluß der Worte Diepold's warte, eine Steigerung
der Heftigkeit des Letzteren noch von Seiten Wölflin's
zu gewärtigen haben müsse, und sie blickte ziemlich
rathlos und mit offenbarer Beängstigung nach einer
Auskunft umher, die ihr mit jeder Secunde für das
friedliche Einvernehmen der aufgeregten Gemüther
wünschenswerther erschien.

Wie denn aber ein altes, sich oft wunderbar be-
wahrheitendes Sprüchwort sagt, daß wo die Noth am
höchsten, auch die Hülfe am nächsten sei, so trat diese
hier ebenfalls, gerade in dem Augenblicke, wo der
Alte seine Worte beendet, in gar hübscher und besonders für Trifels' Augen höchst überraschender Weise
ein, indem die Hausfrau, ihre Hand nach der Berglehne
ausstreckend, freudig rief: „Da sind die Mädchen!"
auf welchen Ruf die Köpfe sich unwillkürlich wendeten
und den Herannahenden entgegenblickten.

In der That kamen zwei junge weibliche Wesen
6*

über die Terrassen, welche den Uebergang zu der
steileren Waldhöhe vermittelten, herab, von denen
jedes für sich und wiederum beide in ihrem Gegensatz
die Aufmerksamkeit des Beschauers auf sich zu ziehen
verdienten. Sie gingen oder eilten vielmehr, sich auf
der stark geneigten Fläche gegenseitig stützend, Hand
in Hand, und ihr munteres, in der Ferne vernehm-
liches Gelächter stand in einem überaus artigen Einklang
mit der heiteren Sommerabendstimmung des freundlichen, aber nur wenig mehr belebten Thales. Wie
sie über den Abhang herabglitten, erglänzten aus dem
Grase desselben ab und zu die Füße des Einen der
beiden Mädchen, dessen ländlich kürzerer Rock nur bis
an die zierlich über dem weißen Strumpf gekreuzten
schwarzen Bänder des offenen Schuhes herabfiel. Dieser
Rock selbst war ebenfalls weiß, wie das über ihm befindliche, anmuthig um die Hüften spannende Mieder,
auf das im Nacken, unter dem breitgeränderten Strohhut hervor, zwei langgeflochtene, goldbraune Zöpfe
nach der Tracht der alemannischen Landmädchen ungenirt
niederfielen. Die dabei ihren Gliedern innewohnende
Kraft und Gelenkigkeit bot gerade jetzt den schönsten
Spielraum für ihre Entfaltung, da sie ihrer Begleiterin,
deren Bewegungen auf dem abschüssigen Boden durch

das städtisch nachschleppende Kleid weit mehr gehemmt waren, zugleich als Stütze und als neckisch vorwärts treibender Kobold diente.

„Komm', Françoise, springe doch!" sagte sie; „man fällt immer nur, weil man nicht kühn genug ist."

Diese deutlich herüberklingenden Worte erheiterten auch Herrn Wölflin's Stirn, so daß er von seiner beabsichtigten Entgegnung auf die herausfordernden Worte des Magisters abstand.

„Margarite bleibt immer wunderbar in ihren Behauptungen, sie muß das von Ihnen haben, Diepold," sagte er lächelnd. „Andere würden das Fallen daraus erklären, daß man zu kühn gewesen."

Doch der Alte erwiederte nichts auf den leisen Spott, sondern umschloß, des vorhergehenden Gesprächs-gegenstandes völlig uneingedenk, das kommende Mädchen mit stummen, fast wie die eines Liebhabers glänzenten Augen, während die Mutter sich gewissermaßen ent-schuldigend an Trifels wendete.

„Sie werden sich wundern, unsere Tochter in einer der Mode und den Liebhabereien der Zeit so wenig entsprechenden, veralteten Tracht zu sehen, wie unsere Großmütter sie in ähnlicher Weise getragen haben mögen. Allein sie behauptet, daß man in Berg und

Feld nicht anders gehen und sich frei bewegen könne,
und es würde ihr eine wirkliche Kränkung zufügen,
wenn wir ihrer Neigung nicht willfahren und sie durch
elterlichen Machtspruch zur Anlegung einer mehr
modernen Kleidung veranlassen wollten. So haben
wir, da sie die Stadt fast nie besucht, ihr ihren Willen
gelassen und sind derartig daran gewöhnt, daß wir
oftmals vergessen, wie es Fremden bei ihrer ersten
Erscheinung durchaus auffällig, manchmal vielleicht sogar gesucht erscheinen mag. Doch so großen Einfluß
ihre Cousine sonst in vielen Dingen auf sie ausübt,
ist es auch ihr bis heute nicht gelungen, durch Spötterei
oder ihr eigenes Beispiel Margarite in dieser Richtung im geringsten wankend zu machen."

Trifels, der seit dem ersten Erblicken die Augen
von dem lieblichen Bilde des Mädchens nicht loszu-
machen vermocht, entgegnete beinahe feurig, daß ihm
jede Veränderung nicht nur überflüssig erscheine,
sondern jedenfalls dazu dienen würde, den reizenden
Eindruck der unmittelbaren, aus der ganzen Umgebung
hervorwachsenden Natürlichkeit, den die junge Dame
errege, zu beeinträchtigen. Er wünsche, daß seine
Schwester, die ungefähr in dem nämlichen Alter stehe,
denselben Zug nach dem Einfachen, Kleidsamen und

Naturgemäßen besäße und der Energie theilhaftig wäre, sich von der verächtlichsten Herrschaft, derjenigen, die eine launische und verirrte Geschmacksrichtung in dem Haschen nach neuen Trachten ausübe, freizumachen. Die Art, wie er dies aussprach, befestigte ihn in dem Wohlwollen der Hausfrau, die einerseits noch mehr die Empfindung der Zugehörigkeit des Sprechers zu einer gesitteten und angesehenen Familie daraus gewann, andererseits wie jede Mutter über die von ihrer Tochter hervorgerufene Wirkung, deren Geringschätzung der Mode sonst wohl schon zu anders gearteten Bemerkungen Anlaß gegeben haben mochte, erfreut war.

Der äußere Charakter der Begleiterin des oben kurz in seiner allgemeinen Erscheinung geschilderten jungen Mädchens war, wie gleichfalls bereits vorübergehend erwähnt worden, ein durchaus verschiedenartiger. Ihre dunkle, untadelhaft modische Kleidung trat zu dem weißen Gewande neben ihr nicht mehr in Gegensatz, als das sich ihr über den vollen Nacken herabringelnde glänzend schwarze Haar zu dem neben ihm fast hell erscheinenden Goldbraun Margarite's. Françoise — als welche die öftere Namensnennung sie kennzeichnete — mochte ihre Cousine dem Alter nach höchstens um zwei Lebensjahre übertreffen, doch der erste Blick zeigte, daß sie eine Ueberlegenheit über dieselbe besaß, welche nicht durch diesen geringfügigen Altersunterschied bedingt wurde. Die Schönheit ihres im edelsten Oval gehalte= nen Gesichtes war jeder Anzweiflung entzogen, die Far= ben desselben so weich ineinanderfließend, daß sie an gewisse, den Blick des Kenners unwiderstehlich an sich ziehende Porträts erinnerte. Der Farbe des Haares entsprachen die Brauen, wie die bewundernswerth langen und beim Schließen der Lider sich eigenthümlich scharf von dem Sammet der Wange abhebenden Wim= pern, die das etwas bläuliche Weiß und den mannig= faltigen Ausdrucks fähigen tiefschwarzen Stern des Auges umsäumten. Ein anmuthig geschnittener Mund, dessen kleine, feuchtglänzende Zähne bei jeder Lippenregung gleichsam herausfordernd aufleuchteten, vollendete den, vorzüglich sobald man ihn im Profil gewahrte, in seinem Totaleindruck an eine antike Camee mahnenden Kopf, der manchmal, doch nur für Augenblicke, von einem leisen Mangel an Frische überlagert schien, von dem das Auge jedoch, sobald es sich auf Einzelheiten der Züge richtete, nichts mehr zu entdecken vermochte und ihn in der nächsten Secunde als eine vorübergehende Trübung des eignen Blickes betrachten ließ. Während Margarite in ihren Farben die anmuthendste Aehn=

lichkeit mit der Blume, deren Namen sie trug, darbot, war eine seltene Rosenart, die, als einzige Blüthe hoch am schlanken Stamm heraufgezogen, kurz vor dem völligen Entfalten ihres Kelches denselben mit leiser Neigung herabsenkt, dasjenige, womit Françoise sich am besten vergleichen ließ.

Ihr Blick war vorwärts auf die vor dem Hause befindliche Gruppe gerichtet und sie beantwortete die Aufforderung ihrer Cousine mit einer nicht vernehmbaren Entgegnung, welche die Letztere zu einer raschen Wendung des Kopfes veranlaßte.

„Du hast Recht," rief Margarite, „es ist der Onkel Diepold und ein Fremder."

Sie ließ die Hand ihrer Begleiterin, die sie zurückzuhalten suchte, los und flog eilfertig auf das Haus zu, daß die Bewegung ihre Gestalt unter dem zurückflatternden Gewande theilweise in plastischen Andeutungen hervortreten ließ. Der Magister hatte seinen Platz verlassen und ihr einige Schritte entgegengethan; sie warf die Arme um seinen Nacken, küßte ihn herzlich und richtete ein halbes Dutzend Fragen an ihn, die er alle nur mit „Gut, gut, Gretchen," beantwortete. Dann zog sie seinen Arm in den ihrigen und er kehrte an ihrer Seite mit sichtlichem Stolz zu den Uebrigen zurück.

„Man muß euch fortan wohl wie Kinder behandeln, denen man beim Fortgehen jedesmal die Essensstunde einschärft,“ begrüßte Frau Wölflin die Herannahende.

Margarite, deren Gesicht vom Lauf geröthet in der Nähe noch jugendlicher erschien, entgegnete:

„Papa ist heute früher heimgekehrt als gewöhnlich, wie es scheint.“

Sie ließ während dieser Erwiederung ihre blauen Augen unbefangen und fast neugierig über Trifels hingleiten, dessen Verbeugung sie mit einem artigen Gruß des Gesichtausdrucks und einer Bewegung des Körpers erwiederte, wie sie in keiner Tanzschule gelehrt wird, aber freilich auch in ihr gemeiniglich nicht zu erlernen sein würde. Dann ging sie auf ihren Vater zu und begrüßte ihn ebenfalls aufs herzlich-natürlichste; auch Françoise kam jetzt heran. Die Vorstellung des Gastes fand mit kurzen Worten statt, und die beiden Mädchen setzten sich, den Kreis erweiternd, an den Tisch. Einige neckische Fragen über das lange Ausbleiben derselben flogen hin und wieder, die Françoise mit großer Gewandtheit beantwortete, doch machte sich sehr bald ein ernsthafterer Antagonismus zwischen ihr und dem Magister bemerklich, den die weniger gutmüthige Art ihrer Erwiederungen ihm gegenüber verrieth. Ein un-

parteiischer Zuhörer vermochte ihr indeß kaum eine
Schuld deswegen beizumessen, da seine Abneigung gegen
das hübsche Mädchen auch für den vorher nicht Unter-
richteten in dem Bestreben, ihr Thun und Treiben
sowie Alles, was mit ihr zusammenhing, gegen Margarite herabzusetzen, unverhohlen zu Tage trat; ein Verfahren, das sowohl durch den Mangel jedes von ihrer
Seite gebotenen Anlasses, als durch die Gegenwart eines
Fremden ungerechtfertigt und ihre Reizbarkeit durchaus
entschuldigend erschien. Sie sprach lebhaft, mit außerordentlich wohlklingendem Organ, doch mit häufiger
französischer Betonung und Einmischung französischer
Wendungen in ihre dialektlose Rede, wozu die unver-
fälschte, allerliebst von den Lippen sprudelnde elsässische
Mundart Margarite's wieder in den vollsten Gegensatz
trat. Die Letztere wandte dieselbe jedoch nur den
Ihrigen und dem Magister gegenüber an, während sie
Trifels' Fragen in einem nur etwas alemannisch an-
klingenden Hochdeutsch beantwortete, das sie übrigens
eigenthümlicherweise auch im Verkehr mit ihrer Cousine sprach.

Indeß verweilten die beiden Mädchen nicht lange
an dem Tisch, sondern ergriffen bald unter dem Vor-
wande, nach der Abendmahlzeit zu sehen, eine Gelegen-

heit, sich zu entfernen. Es war naturgemäß, daß das
Gespräch der Zurückbleibenden sich ihnen zuwendete,
und Frau Wölflin meinte abermals, an das eben Ge=
hörte anknüpfend, daß der treffliche Freund und Lehrer
Françoise gegenüber seine sonstige unbedingte Aner=
kennung und Behandlung der Individualität außer Acht
lasse. Er reize ihren Charakter, statt besänftigend auf
ihn einzuwirken, und gleiche einem Arzte, der einen
Kranken nicht nur sich völlig selbst überlasse, sondern
ihn auch noch in Stimmungen versetze, welche die
Besserung seines Uebels verhindern müßten. Dies sei
um so ungerechtfertigter, als weder er noch irgend
Jemand wirklich etwas namhaft zu machen vermöge
und keine einzige Thatsache dem Mädchen eine üble
Nachrede begründe, sondern nur eine allgemeine Ab=
neigung von jeher auf seiner Seite bestanden habe,
die denn freilich mit Nothwendigkeit die gleiche Em=
pfindung bei ihr habe erzeugen müssen.

Der Magister vermochte dies der Hauptsache nach
nicht in Abrede zu stellen, beharrte jedoch bei seiner
Anschauung, daß eben eine derartig schwer mit that=
sächlichen Gründen zu belegende Abneigung auf etwas
Tiefergehendem fuße als ein Gegensatz, der sich aus
einzelnen Ansichten und Handlungen ergebe, da im er=

steren Falle gleichsam ein unmittelbarer Instinct der
Seele ohne Vermittlung der körperlichen Sinne sich
thätig erweise, der selten rede, dann aber auch fast
immer den Menschen am richtigsten leite. Uebrigens
falle es ihm auch keineswegs schwer, dasjenige in Worte
zu fassen, was ihn besonders zu seinem Verhalten
gegen Françoise veranlasse. Er betrachte Margarite
als ein herrlich und makellos aus der Hand der Natur
hervorgegangenes Werk, doch sie stehe in einem Alter,
wo bei dem weiblichen Geschlecht der Wunsch nach Ver=
traulichkeit sich geltend mache, und zum Gegenstande
dieser Regung scheine ihre Cousine ihm am wenigsten
geeignet. Sein Stolz und seine größte Lebensfreude
sei, daß Margarite eine echte Deutsche, mit den besten
Eigenschaften und Bedürfnissen dieses Volkes geworden,
woran er, wie er ohne Ueberhebung sagen dürfe, das
Streben und die Arbeit des letzten Jahrzehnts gesetzt,
während Françoise noch über ihre Abkunft hinaus in
allen Richtungen vollkommen den Charakter der fran=
zösischen Nation darstelle. Man dürfe ihm, dessen Ge=
sinnungen man im Wölflin'schen Hause ja genugsam
kenne, nicht verübeln, wenn er mit allen Kräften zu
verhüten suche, daß Françoise in ihrer Verbindung
mit Margarite nicht die nämliche Wirkung auf diese

ausübe, wie Frankreich sie traurigerweise an dem mit
ihm vereinigten Elsaß erzielt.

Trifels erfuhr auf seine Nachfrage, daß der schöne
Gegenstand dieser verschiedenartigen Beurtheilungen
aus Straßburg gebürtig, doch der Ehe zwischen einem
Elsässer und einer Französin aus der Provence ent=
sprungen sei. Der Vater, ein Halbbruder der Frau
Wölflin', hatte ebenfalls lange Zeit in einer amtlichen
Stellung in den südlichen Provinzen zugebracht und
war dadurch sowohl der Familie des elterlichen Hauses,
wie seiner heimathlichen Sprache ziemlich entfremdet
worden, so daß es dem in ungewöhnlicher Weise bei
Françoise sich offenbarenden Sprachtalente zuzuschreiben
war, daß diese die letztere sich trotzdem aufs vollständigste
angeeignet hatte, da sie im eigenen Hause ausschließ=
lich französisch zu reden gewöhnt worden, wie denn
auch ihr Umgang sich völlig auf dieser Nationalität
angehörige Kreise beschränkte. In ihnen übte sie durch
ihre Klugheit wie durch ihre Schönheit großen Einfluß
und hatte, von den vielfachen Zerstreuungen der großen
Stadt in Anspruch genommen, sich bis vor einigen Jahren
wenig um ihre Verwandten von väterlicher Seite be=
kümmert. Es mochte hierzu beigetragen haben, daß
sie und ihre Mutter eifrige Katholiken waren und

im Wölflin'schen Hause jene Entwicklung des Protestan=
tismus antrafen, die, dem Wortlaut dieses Namens
entsprechend, als obersten Grundsatz den entschiedensten
Widerspruch gegen jedes dogmatische Formelwesen und
die Beeinträchtigung der eignen Denkfreiheit auf=
stellte.

So hatte der Verkehr zwischen den Verwandten
sich auf beiden Seiten als ein nothdürftig unter=
haltener gestaltet, bis mit dem Eintritt Margarite's
ins jungfräuliche Alter die Besuche Françoise's sich
gemehrt, verlängert und allmälig zu regelmäßigen ge=
worden. Ihr Interesse schien sich plötzlich vollständig von
den Vergnügungen der Stadt abgewendet und denen des
Landes zugekehrt, zugleich aber eine wirkliche und ihrer
Natur gemäß sich heftig äußernde Neigung zu ihrer Cou=
sine sich ihrer bemächtigt zu haben, die von Margarite
bald in offenherzigster, unumwundener Weise erwiedert
wurde. In Folge dessen ertönte fast allwöchentlich das
Rollen des eleganten, einspännigen Fuhrwerks, das
Françoise aufs geschickteste selbst lenkte, in dem stillen
Thale, und während des oft wochenlangen Aufenthalts
derselben streiften die Mädchen täglich begleitungslos
auf den Bergen umher, das zwischen ihnen angeknüpfte
Band sichtlich bei jedem erneuten Zusammensein mehr

und mehr befestigend. In Allem sonst lenksam und Diepold's Rathschlägen willfahrend, setzte Margarite jedoch
seinen Bemühungen, ihren Verkehr mit Françoise zu
hemmen oder die Art der zwischen ihnen wachsenden
Verbindung zu ergründen, beharrlichen Widerstand entgegen und vermehrte dadurch das Mißtrauen des Alten,
während ihre Eltern, vorzüglich die Mutter, nichts
Anderes als eine zwischen ungefähr gleichaltrigen Mädchen natürliche Vertraulichkeit darin gewahrten.

Das war es ungefähr, was Trifels der Fortsetzung
des Gesprächs entnommen, als die beiden Objecte desselben wieder auf der Schwelle des Gartensaales erschienen
und mit affectirter, hübsch kleidender Förmlichkeit zum
Abendimbiß einluden. Der Hausherr führte, auf den
ceremoniösen Scherz eingehend, in feierlicher Weise seine
Gattin, während Margarite sich schelmisch in den Arm
des Magisters hing, so daß der junge Gast sich genöthigt
sah, Françoise den seinigen zu bieten. Sie legte ihre
Hand kaum fühlbar auf seinen Arm und lenkte ihn,
da er des Weges unkundig war, mit leiser Bewegung
in das Speisezimmer, wo sie den Platz an seiner Seite
einnahm. Das räumlich-luftige Gemach war einfach,
doch aufs geschmackvollste, seinem Zweck entsprechend,
eingerichtet, die hochlehnigen Stühle, wie der Tisch und

ein gothisch aufstrebendes Büffet aus kräftigem Eichen-
holz, dem seine Naturfarbe gelassen war, geschnitzt;
mit ihnen im Einklang stehende, in ihrer Wölbung durch
Rosetten verzierte Spitzbogenfenster verriethen das künstlerische Gefühl des Besitzers und gewährten dem Zim-
merraum das ihnen eigenthümliche, anheimelnde Licht,
das selbst die grellste Tagesbeleuchtung zu mildern
geeignet ist. Daß die Mahlzeit mit dem ganzen Zuschnitt
des Hauses übereinstimmen würde, ließ sich im voraus
erwarten; Frau Wölflin's deutsche Küche erwarb sich
die vollste Anerkennung ihres Gastes, dessen jugendliche
Eßlust durch die Wanderung des Tages und die bereits
ziemlich vorgerückte Abendstunde geschärft war. Auch
die Anderen, besonders Margarite betheiligten sich aufs
zufriedenstellendste an der reichlichen Auswahl von
Speisen, die der Tisch enthielt, während Françoise diejenigen, welche aus Fleisch bereitet waren, scheinbar
achtlos an sich vorübergehen ließ und sich mit gesottenen
Eiern, Brod und der aromatisch duftenden Gebirgsbutter
begnügte. Trifels bemerkte dies anfänglich nicht; sobald
er es wahrnahm, beeilte er sich, ihr die Schüsseln zu
reichen, von denen er vermuthete, daß sie ihr zu entfernt
gestanden und daß Bescheidenheit sie bis jetzt abgehalten,
ihn darum zu ersuchen. Doch sie lehnte dieselben artig

ab, und der Magister sagte halblaut mit etwas spöt-
tischem Ton:

„Sie müssen das Fräulein heute schon entschuldigen,
daß Ihre Bemühungen vergeblich sind; wenn Sie dieselben morgen wiederholen wollen, werden Sie besser
belohnt werden."

Man sah es an den Lippen des Mädchens, daß es
heftig die Zähne innen auf ihnen zusammenpreßte,
während Margarite erröthend den Schluß der Worte
ihres Nachbars mit der Bemerkung zu übertönen
suchte:

„Françoise hat am Abend eine Vorliebe für das
Einfache; die Stadt gewöhnt nicht an solchen Hunger,
wie ein Landmädchen ihn empfindet. Das ist auch viel
hübscher und weiblicher, und ich verstand es wohl, daß
der Spott des boshaften Onkels eigentlich auf meinen
Appetit gemünzt war."

Trifels begriff weder die Worte der Letzteren, noch
die des Ersteren vollständig und blickte mit einer gewissen fragenden Verwirrung auf seine Nachbarin, die
jetzt lächelnd aufs unbefangenste sagte:

„Margarite scheint zu glauben, daß ich Grund haben
könne, Ihnen gegenüber zu verheimlichen, was Jeder
weiß, daß ich Katholikin bin und die Vorschriften meiner

Religion befolge; ein Gehorſam, den der Herr Magiſter
Diepold mir manchmal vermuthlich deshalb in ironiſcher
Weiſe verübelt, weil er mich um die daraus erwachſende
Freudigkeit beneidet.‟

Dieſe Replik, in ſcherzender Weiſe und mit dem
leichteſten Ton von der Welt verſetzt, verrieth, daß der
Angegriffene in dem graziöſen Mädchen allerdings eine
nicht zu unterſchätzende Gegnerin beſitze, die ſich aus
der Rüſtkammer ihres Glaubens außer den dogmatiſchen
auch die von jeher mit ihm verbundenen dialektiſchen
Waffen angeeignet habe und ſie gewandt zu handhaben
wiſſe. Diepold befand ſich ſogar einen Augenblick in
Verlegenheit, was er auf die durch ihre Offenheit ſchwer
anzutaſtende Erklärung entgegnen ſolle, wie dem Spotte
gegenüber gemeiniglich nichts wirkſamer iſt, als ein
rückhaltloſes Einräumen deſſen, worauf Jener nur
mit verſteckten Andeutungen hingezielt. Dieſer, einem
ſo jungen weiblichen Weſen gegenüber doppelt peinlichen
Verlegenheit ward der Magiſter dadurch entriſſen, daß
Herr Wölflin ſein Glas emporhob und dem Gaſte ein
Willkommen entgegentrank. Er ſagte launig:

„Es iſt eine ſeltſame Fügung, daß die Mitglieder
unſeres Kreiſes ſeit der kurzen Friſt, in der Sie ihm
angehört, eine unverhohlene Neigung zu gegenſeitigen

7 *

Neckereien und Reibereien bekunden, so daß es fast erscheinen könnte, als ob durch Sie, unser liebenswürdiger junger Gast, ein Element der Streitsucht in denselben hineingerathen wäre. Einem so schwer auf Ihnen lastenden Verdachte gegenüber, hoffe ich, werden Sie sich bereit finden lassen, zur Bekräftigung der Friedfertigkeit Ihrer Gesinnung mit uns allen ein Glas auf die Eintracht dieses Hauses, in dem wir Sie möglichst lange zu verweilen bitten, und auf den steten Frieden des schönen Landes, in dem wir leben, zu leeren."

Er hatte die letzten Worte in einem anderen ernsteren Tone gesprochen, als er begonnen, führte sein Glas, nachdem er es klingend mit denen der Uebrigen zusammengestoßen, mit ungewöhnlicher Hast an die Lippen, und setzte es, sorgfältig bis auf den letzten Tropfen geleert, schweigend auf den Tisch zurück. Margarite hatte, wie der Magister und Trifels, das ihrige ebenfalls leer getrunken, während Frau Wölflin, die in Allem eine große Mäßigkeit bewies, gleich Françoise nur am Rande desselben genippt hatte. Der Hausherr bemerkte es und sagte, bei einem so die Herzen Aller erfüllenden und mit dem Glücke Aller unlöslich verknüpften Trinkspruche sei es auch die Pflicht

der Frauen, ihrer Gewohnheit zu entsagen und durch
kräftigen Trunk ihre Zustimmung zu erkennen zu
geben, ja er legte einen gewissen feierlichen Nachdruck
darauf, so daß Frau Wölflin wieder nach dem Glase
griff und Françoise ebenfalls ihrem Beispiel Folge
leistete. Doch während die Erstere jetzt den Inhalt
desselben leerte, stieß diese, als sie das Glas kaum
an die Lippen gesetzt, einen Laut des Abscheus aus
und schüttete, hastig aufspringend, den Wein durchs
Fenster in den Garten.

„Eine Spinne," sagte sie, „oder eine Fliege, ich weiß
nicht was."

Herr Wölflin zog leicht die Stirn zusammen. „Auf
einen solchen Trinkspruch würde ich auch eine Spinne
mitgetrunken haben," versetzte er trocken.

Doch über diese Zumuthung erhob sich ein lautes
Gelächter des weiblichen Theiles der Gesellschaft, in
das Françoise fröhlich einstimmte. „Sie sind ein zu
großer Naturfreund, lieber Onkel," sagte sie, „als
daß Sie irgend etwas, das aus der Hand derselben
hervorgegangen, verabscheuen könnten. Wir aber
sind nicht so mannhaft, wenigstens in dieser Rich=
tung nicht, und ich kenne manches Mädchen, das sich
lieber einer Kugel gegenüberstellen, als eine dick=

leibige Spinne anfassen, geschweige denn verschlucken
würde."

Herr Wölflin hatte in der Debatte, die sich darüber entspann, die Majorität und auch Trifels gegen
sich, dessen Blick eine Weile auf der langgestreckten,
schmalen Hand seiner Nachbarin, die neben ihm auf
dem Tisch ruhte, haftete. Die Finger derselben erschienen wie aus jenem feinsten Alabaster gemeißelt,
der nicht völlige Weiße besitzt, sondern durch einen leise
ins Gelbliche fallenden Ton bei Nachbildungen mensch-
licher Gestalten die Naturwahrheit der Nachahmung
erhöht. Dann empfand er plötzlich, daß Françoise die
Aufmerksamkeit, die er auf ihre Hand verwendet, wahr-
genommen haben mußte, da sie dieselbe mit einem
Gegenstande tändelnd auf den Schooß zurückgleiten ließ
und seinen Blicken entzog, und er sagte schnell, um
eine unwillkürlich in ihm aufsteigende Verlegenheit zu
verbergen:

„Dagegen kenne ich mehr als ein Mädchen, das
eher den Muth hätte, sich einer solchen Kugel gegen-
überzustellen, als selbst eine derartige Waffe in ihre
Hand zu nehmen."

Er empfand eine eigenthümliche Befriedigung, wie
die von ihm zuvor betrachtete Hand auf diese Worte

wieder emportauchte und den Griff des vor ihr liegenden
Tischmessers wie den Kolben einer Pistole umfaßte,
daß die Anspannung der Muskeln ihr noch einen
eignen, in der Ruhe nicht vorhandenen Reiz verlieh.

„Ich würde nicht zu denen gehören," erwiederte
Françoise zugleich, „und achte solchen Muth nicht hoch.
Nur wäre ich wahrscheinlich ungeschickt —"

Sie hob das Messer und machte eine zielende
Bewegung damit, dann warf sie es lachend hin.

„Nein, darin werden Sie mehr Uebung besitzen."

Es lag eine Art von Aufforderung darin, und
Trifels griff mit einer gewissen Hast nach der fingirten
Pistole, deren von der Hand des Mädchens noch erwärm=
tes Heft er fest mit der seinen umschloß. „Als Land=
wehroffizier bin ich wohl dazu verpflichtet," meinte er.

Diese Antwort erregte eine Zahl neugieriger Fragen
von Seiten der Tischgenossen, die sich nicht vorzustellen
vermochten, daß der junge, in Civilkleidern befindliche
Mann ein wirklicher Offizier sein könne. Margarite
maß ihn mit einem stumm verwunderten Blick und
seiner Nachbarin Augen überflogen ihn gleichfalls mit
einem Ausbruck der Ueberraschung. Auch Herr Wölflin
war erstaunt, obwohl er auf Trifels' Frage, ob man
im Elsaß so wenig über die in neuerer Zeit in Baden

nach dem Vorbilde Preußens eingetretene militärische
Organisation unterrichtet sei, entgegnete, daß er von
dem Landwehrsystem allerdings wisse, sich aber trotzdem nicht vorzustellen vermöge, daß ein durchaus anderen
Berufskreisen angehöriger Mensch, wie z. B. Trifels,
in der That zugleich auch Soldat sein und im Falle
eines Krieges gegen wirkliche Soldaten ins Feld rücken
könne. Es scheine ihm undenkbar, daß ein aus solchen
Elementen bestehendes Corps gegen die Letzteren nach-
haltigen Widerstand zu leisten vermöge, da die Gewohnheit der Disciplin mangle, die Anstrengung der
Märsche und Bivouacs ebenfalls eine ungewöhnte sei
und das Gefühl, von seinen eigentlichen Lebenszwecken,
sowie vielfach von der Arbeit zur Ernährung seiner
Familie, gewaltsam abberufen zu werden, einen Mißmuth erzeugen müsse, der, nur auf baldige Been-
digung jedes Krieges sehend, die entscheidende Niederlage
dem zu weiterer Fortsetzung desselben Anlaß gebenden
Siege vorziehen lasse.

„Trotzdem“, entgegnete der junge Mann lächelnd,
„bin ich im Jahre 1866 in der That schon gegen wirkliche Soldaten ins Feld gerückt, wenngleich wir es damals allerdings mit schwerem Herzen thaten und uns
freilich in der seltsamen Lage befanden, zum Heile

Deutschlands unsere Niederlage dem Siege unserer Fahne vorziehen zu müssen. So abnorme und wider= natürliche Verhältnisse, wie sie der widernatürliche Zu= stand Deutschlands erzeugt hatte, sind Gottlob seitdem beseitigt und werden nie wieder zurückkehren, aber ich kann Ihnen versichern, daß weder die deutsche Land= wehr in Süd und Nord, noch ich selbst, den geringsten Mißmuth an den Tag legen oder auch nur empfinden würden, von unserer friedlichen Beschäftigung zur Fahne abberufen zu werden, sobald der Krieg der Ver= theidigung nationaler Güter, der Grenzen oder der Ehre unseres Vaterlandes gilt. Aus der Zusammen= setzung des deutschen Heeres, das in Wahrheit eher ein Volk in Waffen genannt zu werden verdient, er= giebt sich allerdings, daß dasselbe mit seiner vollen Ueberzeugung für die Nothwendigkeit des Krieges ein= stehen muß und eben in weiterem Sinne nur zur Ver= theidigung, nicht zum Angriff geeignet ist. Daß es aber, wenn es dazu gezwungen wird, alle Anstren= gungen und Mühsale gleich den erprobtesten Landsknech= ten früherer Zeit überwindet und mit unwiderstehlicher Gewalt, stets wieder nie erschöpfbare Kräfte aus dem Schooße, aus dem es hervorgegangen, an sich ziehend, jede nur aus Soldaten von Beruf bestehende Armee

niederwirft, dafür, dächte ich, haben die Schlachtfelder
von Böhmen ein unwiderleglich beredtes Zeugniß ab=
gelegt und jeder derartige Krieg, den die Zukunft ein=
mal bringen sollte, wird diese Beweisführung ver=
mehren."

Es trat eine Pause nach diesen gegen den Schluß
sich zu unwillkürlicher Begeisterung steigernden Worten
Trifels' am Tisch ein, die der Magister, der mehrere
Mal mit dem Kopf genickt, dadurch unterbrach, daß
er wortlos sein wieder gefülltes Glas mit dem des
Gastes zusammenstieß. Margarite's Blick war dagegen
mit einem Anflug von Furchtsamkeit auf den Letzteren
gerichtet, während Françoise gleichgültig dasaß und
die Langeweile, welche die Richtung, die das Gespräch
genommen, ihr verursachte, nicht undeutlich zu ver=
stehen gab. Desto nachdenklicheren Ausdruck bot das
Gesicht des Hausherrn dar, der nach kurzem Zögern
sein Glas ebenfalls mit denen der beiden Anderen zu=
sammenstieß, indem er sagte:

„Umsomehr, wenn Sie mir auch erlauben werden,
Manches von dem, was Sie pro domo geredet, in
Abzug zu bringen, ist es gerechtfertigt, den Wunsch noch
einmal zu wiederholen, daß der Friede uns und unsern
Kindern gesichert erhalten bleiben möge — Gott walte es!"

Gleichzeitig schob er seinen Stuhl mit hastiger Bewegung zurück, erhob sich vom Tisch und ging eilig durch die Thür in den Garten hinaus. Françoise warf ihm einen schnellen Blick nach, Margarite sagte:

„Der Vater kommt mir heut' sonderbar vor."

Sie schien ihm mit einer gewissen Besorgniß folgen zu wollen, doch ihre Cousine lachte jetzt fröhlich auf, erhob sich ebenfalls und sagte, Trifels' Arm wiederum nehmend:

„Sie besitzen wirklich eine Kunstfertigkeit, furcht= same Leute ängstlich zu machen, mein Herr Offizier, daß Einem das Gefühl kommt, als könnte man jeden Augenblick des Vergnügens Ihrer Gesellschaft verlustig gehen, weil, wie sagten Sie doch? — la patrie — das Vaterland Ihrer für die heldenmüthige und un= überwindliche Armee plötzlich bedürftig wäre. Lassen Sie uns darum die kurze Frist, die Ihnen vor dem Heldentode gegen die Russen oder Ungarn oder Gott weiß was für wilde Völkerschaften, die Ihr Vaterland bedrohen, noch vergönnt ist, benutzen, diesen herrlichen Abend noch lebendig zu genießen, ein Zustand, den ich allen nationalen Gütern der Landesvertheidigung aufs entschiedenste vorziehe."

In den Worten lag eigentlich mehr Offenbarung

einer kindischen Verständnißlosigkeit als Ironie, aber
die Art, in der sie gesprochen wurden, war mit so viel
Grazie verknüpft, und die Hand, die sich auf seinen
Arm legte, streifte, ehe sie denselben erreichte, fast un=
merklich wie ein warmer Hauch, doch so verwirrend
zufällig über die seinige, daß Trifels dem Sinne der
Aufforderung aufs bereitwilligste beipflichtete und seine
schöne Tischgenossin unter Scherzen in den Garten
hinausführte. Margarite gesellte sich auf der andern
Seite zu derselben, während der Magister, in ein Ge=
spräch mit Frau Wölflin verwickelt, folgte. Draußen
wollte Trifels mit einer Verbeugung den Arm seiner
Begleiterin fahren lassen, doch sie hielt den seinigen,
ihre vorherige Fiction fortsetzend, lachend fest, indem
sie rief:

„Nein, nein, ich erachte es für meine Aufgabe, Sie
zu fesseln, damit Sie uns nicht zur Vertheidigung
Ihres Vaterlandes davonlaufen," und indem sie, sich
nach der andern Seite wendend, hinzusetzte: „Nicht
wahr, Margarite, das ziemt uns?" führte sie ihn in
heiterster Weise den Gartenweg entlang.

Es dunkelte und einzelne Sterne traten bereits aus
dem abendlich vertieften Blau des wolkenlosen Himmels.
Ueber dem Thal lag ein leichter, verhüllender Schleier, der

die begrenzenden Gelände erst in halber Höhe sichtbar
werden ließ, hier und da bewegten sich auf ihnen einzelne
Bäume leise gegen den heller gefärbten Horizont. Ueber
dem berggeschützten Garten jedoch war die Luft völlig
regungslos und tageswarm; große Nachtschmetterlinge
schossen schnell verschwindend um die unsichtbar gewor=
denen Blüthen, deren Duft man mit jedem Athemzug
einzog. Der Springbrunnen auf dem Rasen plätscherte
vernehmlicher als während des vielfach zusammenflie=
ßenden Geräusches, das die Tagesthätigkeit verursacht,
manchmal blickte die weiße Façade des Hauses, eigen=
thümlich im Halblicht schimmernd, zwischen den Bosquets
der Gartenwege hervor.

Die darin Wandelnden begegneten sich und gingen
an einander vorüber; Jeder sprach unwillkürlich mit
mehr gedämpfter Stimme als im Sonnenlicht, gleich=
sam als fürchte er die einschlummernde Natur zu er=
wecken. Es lag etwas Vertrauliches, Annäherndes da=
rin, das die Herzen aufschloß, nur Herr Wölflin ging
noch einsam für sich am Rande der Gartenumwallung
auf geradem Wege auf und ab. Doch hin und wieder
klang ein helltöniges Lachen auf und deutete die Stelle,
an der die beiden Mädchen und ihr fügsamer Ge=
fangener sich befanden.

Françoise war von übermüthigster Laune beseelt. Trifels vermochte im Dunkel nur mehr die vollendeten Umrisse ihrer Gestalt und ihres Kopfes zu unterscheiden, doch er empfand instinctiv, wenn ihr Gesicht ihm zugewendet war, ihre Züge, zuweilen streifte ihn der Hauch ihres Athems. Sie bediente sich noch immer ihm gegenüber neckisch der Anrede „mein Herr Offizier", und kam stets in verschiedenartigsten Anspielungen auf dies Thema zurück, aus denen hervorging, daß sie noch immer Zweifel in seine Berechtigung, diesen Titel zu führen, setzte. Endlich rief sie lachend:

„Wenn ich mich in einer Verkleidung befände, etwa als Bäuerin oder als — ja oder als Mann, so würde ich trotzdem Mittel genug besitzen, um Ihnen Belege dafür zu liefern, was ich eigentlich sei. Ich könnte Ihnen von Stickmustern reden, könnte fremde Sprachen zur Hülfe rufen, Ihnen vom Theater, von Bällen, von Gesellschaften in Straßburg erzählen. Doch womit können Sie mir eigentlich beweisen, daß Sie das sind, was Sie zu sein vorgeben? Sie werden in diesem Zweifel keine Unart von meiner Seite sehen, wenn ich hinzufüge, daß er aus meiner Unfähigkeit entspringt, mir einen so einnehmenden jungen Herrn unter Umständen als einen berufsmäßigen Menschenschlächter vorzustellen."

„Ich würde bald Ihre Aufmerksamkeit verlieren und
Sie Ihr Ansinnen bereuen," versetzte Trifels, „wenn
ich, Ihren Auskunftsmitteln analog, Sie von dem Vor=
handensein solcher militärischen Kenntnisse überzeugen
wollte, wie sie jedenfalls außer dem Bereich desjenigen,
der nicht selbst Soldat gewesen, liegen."

„O, Sie wollen mir entrinnen!" rief sie lebhaft.
„Nun gerade bestehe ich darauf, und es wird mich nicht
langweilen, weil ich aufs äußerste Acht geben werde,
ob Sie in dieser Richtung wirklich besser unterrichtet
sind, als die völlige Unwissenheit der von Margarite
und mir gebildeten Prüfungscommission. Also, Ihre
militärischen Kenntnisse, mein Herr Offizier! Ueber
wie viel streitbare Männer hat Ihr Vaterland zu ver=
fügen? Wie vieler Zeit bedarf es, um sie kriegstüchtig
ins Feld zu führen? Wie viel Kanonen besitzt es?
Wie stark ist die Besatzung in seinen Festungen? Aber
hüten Sie sich doch, allzu sehr auf die erwähnte Un=
wissenheit von unserer Seite zu bauen, denn Sie sehen,
daß ich auf Ihrem Gebiete Fragen zu stellen vermag,
was gemeiniglich für einen Beweis eigner Kenntnisse
auf demselben gilt. Und wenn ich Ihre Angaben
einer Unrichtigkeit zu überführen im Stande bin,
merken Sie wohl, so ist dies gleichbedeutend mit meiner

allerhöchsten Ungnade, während, wenn Sie gut be=
stehen —"

„Was habe ich in dem Falle zu erwarten?" fragte
der junge Mann hastig, da sie innehielt.

„Ich Sie als tapfern Krieger, in der Idee wenig=
stens, und man sagt ja, daß Ihre Siege von den Ideen
herrühren, mit dieser Rose belohnen werde," fuhr sie,
eine an ihrem Busen befestigte Rose ablösend und im
Fluge an seinem Gesicht vorüberführend, fort. „Blumen
dem Ueberwinder!"

„Nun denn, die Verantwortung möge Sie treffen,
Fräulein Françoise," sagte Trifels, „daß Sie einen
so verführerischen Lohn für Langeweile aussetzen, die
ich Ihnen bereiten soll." Er dachte einen Augenblick
nach, dann entwickelte er die Organisation der Armee,
welcher er angehörte. Allmälig fand er den Gegen=
stand selbst interessanter, als er geglaubt, und nach=
dem er die großen Grundzüge dargelegt, vertiefte er
sich in eine Menge von Details, die ihn beinahe völlig
in dem umgebenden Dunkel des Auditoriums, vor dem
er sprach, vergessen ließen, bis Françoise ihn plötzlich
mit den Worten unterbrach:

„Können Sie uns Ihr Ehrenwort darauf geben,
daß das Alles wahr ist, was Sie uns gesagt?"

Er antwortete, noch bei der Sache verweilend, mit einem der komischen Prüfung noch mehr Scherzhaftigkeit verleihenden Ernste: „Ja."

Nun gähnte und lachte sie zugleich und sagte:

„Sie haben sich glänzend gerechtfertigt, mein Herr Offizier, und Sie können dies Geständniß um so befriedigter aufnehmen, als es nur durch Ihre letzte Zusicherung bewirkt worden, da ich in der That nicht das geringste Verständniß für alle diese Dinge besitze und — verzeihen Sie mir, Sie sehen, wie offenherzig ich bin — kein Wort davon gehört habe. Ich hoffe, Margarite hat desto mehr Vortheil davon gehabt. Wir Mädchen sind einmal launenhaft und setzen das höchste Verdienst unserer Ritter darein, daß dieselben unsere Wünsche blindlings erfüllen, ohne zu fragen, ob sie einen Sinn haben oder nicht. Dann belohnen wir aber auch königlich —"

Sie überkleidete diesen Beweis ihres launenhaften Verfahrens mit so schelmischem Tone und solcher Grazie, daß es Trifels unmöglich war, ihr darüber zu zürnen und indem sie zugleich die als Preis ausgesetzte Rose an seinem Rocke befestigte, glitt ihre Hand, bei dieser Arbeit behülflich, abermals flüchtig über die seinige und hinterließ ihm die nämliche warme, wie elektrische

Empfindung, die sie schon einmal vorher auf ihn aus=
geübt. Ein silberner Lichtstreif zog in diesem Augen=
blick durch die Luft und Margarite rief plötzlich:

„O, ein fallender Stern! Was hast du gedacht,
Françoise?“

„Ich glaube, gar nichts,“ entgegnete diese schnell,
„denn Empfindungen sind noch keine Gedanken.“

Sie wandte sich damit von Trifels, dem, er wußte
nicht weshalb, das Blut bei den Worten ins Gesicht
schoß, ab und faßte den Arm ihrer Cousine, indem
sie zurückfragte:

„Was hast du dir denn bei der Sternschnuppe
gedacht, Kind, die du immer etwas denken mußt?“

Margarite zögerte einen Augenblick. Dann er=
wiederte sie:

„Ich mußte, wie Herr Trifels von dem Lande drüben
sprach, unserer Verwandten gedenken, die dort wohnen,
ohne daß ich sie kenne. Wenn ich bei klarem Wetter
droben am Tempel stehe und der Schwarzwald deutlich
weit überm Rhein daliegt, weiß ich wohl, in welcher
Richtung mein Auge ihre Heimath zu suchen hat, doch
wenn sie vor mir stünden, wären sie selbst mir fremd.
Manchmal kommt’s mir, wie seltsam und wider das
Herz dies doch ist, und ich gäbe viel drum, wäre es,

wie es sein müßte. Nun freut's mich, daß Ihre Worte
mich dazu gebracht, das zu denken, als der Stern fiel,
und ich bin Ihnen herzlich dankbar dafür."

Sie reichte Trifels in treuherziger Weise die Hand
hinüber und ließ sie ihm ruhig eine Weile. Es dauerte
auch bei ihm einige Secunden, ehe er etwas darauf
entgegnete; er hielt die Hand fest in der seinigen, dann
sie beim Loslassen noch einmal herzlich drückend, sagte er:

„Das ist allerdings ein seltsames Verhältniß, von
dem ich mir wohl zu denken vermag, daß es eigenthüm=
liche Empfindungen rege erhalten muß. Doch mich
däucht, unter so günstigen Umständen, wenn nicht nur
das Herz hinüberzuschlagen, sondern sogar der Blick
hinüberzureichen im Stande ist, wäre es dem Fuße
nicht allzu sehr erschwert, ihnen einmal zu folgen und
das bisher Versäumte nachzuholen."

„Das Nämliche ließe sich von denen drüben an=
nehmen," meinte Margarite, „doch es ist nicht der
Raum, der uns trennt. Allein, wozu Ihnen das sagen?
Der Vater hat nicht gern, daß wir davon sprechen."

Françoise fiel lebhaft ein: „Ich habe keine väter=
liche Autorität über mir, und da du einmal die Neugier
des Herrn Offiziers wachgerufen — und es ist ein
Irrthum, zu glauben, daß diese Seite bei Männern

8 *

stärker sei als bei uns — so will ich mich für seine
Gefälligkeit von vorhin dankbar beweisen und sie be-
friedigen. Die Sache ist in der Kürze die, Monsieur,
daß mein Oheim einen bedeutend älteren Bruder besitzt
— es muß in der That bereits ein sehr alter Mann
sein — der, obwohl er gleich ihm in der französischen
Stadt Hagenau geboren und erzogen worden, doch
schon im Jahre — 1815 glaube ich, war's nicht damals? — die fixe Idee haben konnte, die Departe-
ments Haut-Rhin, Bas-Rhin, Moselle und, wenn ich
mich nicht irre, auch ein Theil vom Departement
Meurthe gehörten eigentlich zu Ihrem Vaterlande,
Monsieur, und müßten auf jede Weise demselben zu-
gehörig gemacht werden. Im Grunde war das mehr
Geistesschwäche, die Mitleid verdient hätte — es giebt
auch heute noch hier und da solche Narren — und
vielleicht hätte eine zweckmäßige Cur den Unglücklichen
völlig wieder herstellen können. Wie das Uebel an
ihn gerathen, hat Niemand je gewußt, vermuthlich
durch — Sie sehen, ich bin gegen mein eignes Geschlecht
nicht parteiisch — ein Frauenzimmer von jenseits des
Rheins, das er auch geheirathet, und wenn es nicht
gestorben ist, wie das Märchen schließt, so lebt es noch.
Er aber ging, statt zu einem Arzt, nach Wien, wo da-

mals die europäischen Quackjalber eine Consultation
abhielten, denen er seine tollen Ideen vorzulegen wußte
und bei Einigen das Gehirn allerdings ebenso in Un-
ordnung fand, daß sie sich nicht abgeneigt bewiesen,
ernsthaft darauf einzugehen, während die Mehrzahl sich
doch so viel Verstand bewahrt hatte, dieser Minderheit
spöttisch zu verstehen zu geben, daß es bei solchen Dingen
nicht auf ihre Wünsche, sondern auf das Gutbefinden
der ersteren ankomme. Genug, Monsieur, der Bruder
meines Oheims kam ohne Erfolg, aber auch ungeheilt
in seine Heimath zurück, und hier verschlimmerte sich
seine Krankheit im Laufe der Jahre derartig und gelangte sogar an öffentlichen Orten zu solchen Aus-
brüchen, daß die Polizei sich genöthigt sah, ein Auge
auf ihn zu halten und im Wiederholungsfall Androhung
einer strengen Ahndung zu erlassen. Daß dies für
die Familie, der er angehörte, bei allem mit ihm zu
habenden Mitleid nicht gerade erfreulich war, da es
sie selbst mit dem größten Schimpf bedrohte, kann man
ihr schwerlich verargen; zugleich aber war ein erwachsener
und verehelichter Mann nicht wie ein unmündiges
Kind zu behandeln, und so gelangte es schließlich zu
den heftigsten, in vollkommene Feindschaft ausartenden
Zerwürfnissen, die damit endeten, daß der damals noch

lebende Vater meines Oheims nicht lange vor seinem
Tode den Sohn aus seiner Familie förmlich ausstieß
und den übrigen Geschwistern desselben bei seinem Fluche
verbot, ihn hinfort in irgend etwas als ihren Bruder
zu betrachten. Das klingt höchst tragisch, oder wenn
man lieber will kindlich, denn solche Vaterflüche sind
heutzutage leicht mit ein wenig Lächerlichkeit behaftet;
dieser hat aber nichtsdestoweniger insofern die vollste
Wirkung erzielt, als der Ausgestoßene seit jenem Tage
über den Rhein gegangen und bis heute jegliche Verbindung zwischen ihm und seinen Geschwistern auf-
gehört hat. Er selbst hat sich einen Riegel vorgeschoben,
indem er seinerseits einen Eid beim Abschied ausgesprochen, dies Land nicht wieder zu betreten, so lange
seine fixe Idee nicht in Erfüllung gegangen, und seine
Geschwister, oder vielmehr sein Bruder, denn mein
Oheim ist der Einzige, der von diesen übrig geblieben,
scheint dem Gebote des Vaters Folge zu leisten , oder
ebenfalls ein stilles Gelübde abgelegt zu haben, ihn
nicht auf fremdem Boden aufzusuchen. Sie sehen, eine
Familiengeschichte von den feindlichen Brüdern, die
eine neue Auflage erlebt hat, und die ich, wie es überhaupt meiner Natur zuwider, nicht sentimental auf-
fassen kann, wie Margarite, da sie, lange vor unsrer

beider Existenz begonnen, schon dem grauen Alterthum
angehört und heute Niemandem mehr etwas zu Leibe
thut."

Françoise beendete ihre Erzählung, während welcher
beide Zuhörer in tiefes Schweigen versunken, in heiterster
Laune, doch plötzlich schraken sie sämmtlich unwillkürlich
zusammen, da aus dem Dunkel des Gartens dicht vor
ihnen eine Stimme sagte:

„Da du meinem Wunsch zuwider unsern Gast mit
der Vergangenheit unsers Hauses vertraut machst, solltest
du es der Wahrheit gemäß thun. Ich begreife, daß
deiner Natur und Abstammung gemäß, dich bei der=
selben keine traurige Empfindung anwandelt, doch du
befindest dich im Irrthum, wenn du zu glauben vor=
giebst, daß sie heute Niemandem mehr etwas zu Leibe
thut. Margarite's Gefühle sind auch die meinigen,
und sind es in um so erhöhterem Maße, als sie bei
mir sich nicht auf etwas Unbekanntes, nur im Gedanken
Lebendes erstrecken. Glauben Sie es nicht, Freund,
daß wir im Elsaß so deutscher Art entfremdet sind,
daß wir eines Bruders zu vergessen vermöchten, den
ein unseliger Zwiespalt von uns, schmerzlich es auszu=
sprechen, fürs Leben getrennt hat. Es wäre wider
die Natur und wider das Herz —"

Herr Wölflin war dicht herangetreten, der junge Mann faßte bewegt seine Hand.

„Nein, ich glaube es nicht," sagte er rasch, „Ihre Stimme bürgt mir dafür. Ja, es wäre wider die Natur und wider das Herz, wenn ein Augenblick, eine Meinungsverschiedenheit die Nächsten fürs Leben scheiden sollte, und Sie werden sich aussöhnen."

Wölflin drückte ihm herzlich die Hand. „Gewiß, Sie meinen es gut, aber Sie verstehen mich falsch, wie es das Recht der Jugend ist. Wenn ich „fürs Leben" gesagt, so denken Sie an den langen Zeitraum, der vor Ihnen liegt, während ich desselben hinter mir gedenken muß und nur der kurzen Frist noch, die vor mir liegt. Sie wissen nicht, und mögen Sie es nie erfahren, was es heißt, wenn die Gewohnheit eines Vierteljahrhunderts Menschen von einander getrennt, sie geschieden hat, weil in so langer Zeit sie den Augenblick nicht fanden, das Hemmniß, das zwischen ihnen stand, zu überwinden. Dann wird es mit jedem Jahre schwerer, denn der Gewinn verringert sich. Die Schranke, die Jeder sich einst willkürlich selbst gesetzt, scheint ihm im Laufe der Zeit gleichsam von einer höheren Gewalt errichtet und nicht mehr willkürlich zu beseitigen. Das ist die Hartnäckigkeit des Alters, sie verknöchert die

Gedanken, wie die Organe des Körpers. Glauben
Sie, daß mein Bruder von dem Vorsatz, mich nicht
auf französischem Boden aufzusuchen, an dem er dreißig
Jahre festgehalten, jetzt noch abweichen wird, vor sich
selbst daran zu rütteln im Stande ist?"

Es war eigentlich wie eine rhetorische, auf keine
Antwort zählende Frage gesprochen, trotzdem entgegnete
Trifels nach einer flüchtigen Pause mit befangener
Stimme:

„Nein — er nicht. Aber er ist der Aeltere, der
Gekränkte — es wäre an Ihnen — däucht mir —"

Die Antwort hatte etwas Merkwürdiges, fast un=
passend Ueberhebendes; man hörte an dem Ton, daß
Wölflin's Lippen lächelten, wie er versetzte:

„Sehen Sie, obwohl Sie die Persönlichkeit, von
der Sie reden, nicht kennen und die Gefühle derselben
nur nach Ihren eigenen bemessen können, die ich Ihnen
nicht verarge, beurtheilen Sie meinen Bruder, wie ich
es nicht richtiger zu thun vermöchte. Ich weiß, daß
er es nie thun wird; doch darum dürfen Sie es auch
mir nicht verargen, wenn ich Ihnen sage, daß ich es
ebenfalls nicht mehr thun kann. Sie mögen erwiedern,
es stehe nichts zwischen uns als ein Wort. Aber ein
Wort ist mächtig, wenn es eine Idee umschließt, an

die man sein Leben gesetzt hat. In Wahrheit ist es ein breites Wasser, es ist der Rhein, der zwischen uns liegt, wie zwischen dem Elsaß und Deutschland; er hat es zu lange gethan und zu stark sind die Gegensätze hier und dort, als daß eine Brücke hinüber zu schlagen wäre. Doch lassen Sie uns davon abbrechen; Françoise hat darin Recht, was geht das diejenigen an, die heute jung sind, und die beiden Mädchen haben einen schweigenden Protest gegen unser Gespräch eingelegt, indem sie uns allein gelassen."

Er legte den Arm in den seines Gastes und zog ihn vertraulich mit sich. Dieser ging schweigend neben ihm her; wie sie die Biegung eines Weges umschritten, fiel ein heller Lichtglanz von der Rampe des Hauses her, und man unterschied deutlich die Gesichter der Hausfrau und des Magisters an dem Tische, auf welchem die Lampe stand. Nieblich geflochtene Gartenkörbe mit verlockenden großen Erdbeersorten und Himbeeren winkten aus der Ferne, und Frau Wölflin hielt sie den Ankommenden mit der Frage entgegen, ob der Duft derselben nicht an so herrlichem Abend köstlicher sei als der aus der „deutschen" Pfeife des Magisters, die, wie sie scherzend beifügte, Diepold ihr manchmal als eine seltsame moderne Vestalin erscheinen lasse,

unabläffig bedacht, das heilige Feuer des pfälzischen
Tabaks nicht erlöschen zu laffen. Es hatte allerdings
etwas Komisches, sich eine der jungfräulichen Priefter=
innen der Vefta unter der Figur des Alten vorzuftellen,
und Wölflin lachte herzlich darüber, während der Ma=
gifter ruhig den Gegenftand, der ihm den klaffischen
Vergleich eingetragen, weiter dampfen ließ und nur
durch eine Bewegung der Mundwinkel verrieth, daß
er den Zweck des Scherzes seiner alten Freundin, ihn
in die behagliche Stimmung, die ein gutmüthiges Ge=
necktwerden erzeugt, zu verfetzen, wohl empfand.

Auch die Mädchen traten jetzt Arm in Arm aus
dem Dunkel herzu und fetzten sich auf die noch leer
am Tisch befindlichen Stühle, wobei der Zufall es
fügte, daß Françoise abermals neben Trifels zu fitzen
kam, Margarite jedoch fast außerhalb des Lichtkreises
kaum an der Unterhaltung theilnahm und ihre Gegen=
wart nur durch den Schimmer ihres weißen Kleides
verrieth. Herr Wölflin war für einige Augenblicke
verschwunden und kehrte mit einer Anzahl wohlver=
fiegelter Flaschen zurück, bei deren Oeffnen sich der
Duft einer äußerst lieblichen, einen werthvollen Wein
verkündenden Blume über dem Tisch verbreitete, unter
deren Einfluß sich bald ein lebhaftes, Mancherlei um=

faſſendes Geſpräch entſpann, an dem auch Françoiſe, welcher der Wein jetzt beſſer als beim Abendeſſen zu munden ſchien und deren etwas blaſſen Teint allmälig eine leiſe, ihre Schönheit noch erhöhende Röthe über= flog, ſich je nach dem Gegenſtande mehr oder minder betheiligte. Ihre Art, die ſich, wenn ſie nicht wie vorhin durch Invectiven gereizt wurde, keineswegs vordrängte und immer innerhalb der Grenzen vollendetſter Grazie verblieb, erregte hier den angenehmſten Eindruck und trat in einen durchaus zu ihren Gunſten ausfallenden Gegenſatz zu dem ſchweigſamen Benehmen der Tochter vom Hauſe, welches das Gefühl erwecken mußte, daß ihr Verſtummen aus einem Mangel, nicht ſowohl an ge= ſellſchaftlichen Talenten, als an Befähigung für eine über häusliche Angelegenheiten hinausgehende Unterhaltung entſpringe. Es lag Trifels nahe, einen Vergleich zwiſchen den beiden Mädchen anzuſtellen, und wiewohl er vorhin im Garten mit einer eigenartigen Bewegung die Hand, welche Margarite ihm plötzlich gereicht, in der ſeinigen gehalten, konnte er ſich nicht verhehlen, daß ſeine Empfindung dabei eine völlig andere geweſen ſein würde, wenn Françoiſe daſſelbe gethan. Ja, wäh= rend er dem Blicke der Erſteren, wenn dieſer ihn zu= fällig traf, ruhig begegnete und das Geſicht des Mäd=

chens mit einer Art künstlerischen Behagens, wie der
Kenner ein schönes Bild betrachtet, studirte, fühlte er,
daß er den Augen seiner Nachbarin nicht unbefangen
Stand zu halten, noch die seinigen zu einer Musterung
ihrer Züge aufzuschlagen vermochte. Er mußte sich
sagen, daß sie in wenigen Stunden einen Zauber
auf ihn geübt, den er bis dahin nicht gekannt und für
vollständig unmöglich gehalten, und die Anstrengung
dies nicht zu verrathen, sondern den ungezwun=
genen Ton gewöhnlicher Höflichkeit zwischen Fremden
ihr gegenüber innezuhalten, führte ihn unvermerkt
dazu, dem Glase häufiger zuzusprechen, als er es unter
anderen Umständen in einem fremden Hause für passend
erachtet haben würde.

Wie aber ein Gespräch einem Fuhrwerk gleicht,
das geneigt ist, in die einmal gebahnten Geleise wieder
einzubiegen, so verging nicht lange Zeit, bis dasselbe
wieder auf das Thema des Nachmittags, auf das Elsaß
zurückkam und sich bald völlig auf Straßburg concen=
trirte. Die ruhmwürdige Geschichte der alten Reichs=
stadt war ein unerschöpflicher Born für das Erzählungs=
talent des Magisters, der die inneren und äußeren
Kämpfe derselben so lebendig zu schildern wußte, als
ob er an ihnen allen seit dem Zeitpunkt theilgenommen,

an dem der Name Argentoratum, der sie im Beginn
bezeichnet, zuerst aus den Nebeln, die über der keltisch=
germanischen Welt lagen, aufgetaucht.

Das Treiben der römischen Legionen in ihren
Mauern zur Zeit des Kaisers Julianus erstand in
seiner Fremdartigkeit vor den Augen der Zuhörer, die
Stürme der jahrhundertlang vorüberwogenden Völker=
wanderung, die Gründung der neuen deutschen Stadt,
die mit dem Ende des sechsten Jahrhunderts zusammen=
fiel. Nun begann der über ganz Deutschland ver=
breitete Kampf der Reichsfürsten, die nach Erweiterung
ihrer Selbständigkeit strebten, gegen das Reichsober=
haupt, das sie in möglichster Abhängigkeit zu erhalten
bemüht war, auch hier. Straßburg war unter die
Herrschaft des Krummstabes gerathen, der den säch=
sischen Kaisern fast überall feindlich entgegentrat, bis
Otto I. die Stadt belagerte, einnahm und den Bischof
Ruthard vertrieb. Doch schon im Beginn des folgen=
den Jahrhunderts verwandelte sich die Parteistellung
der Stadt, indem sie für die Wahl des Kaisers Hein=
rich stimmte und in Folge dessen von dem Mitbewerber
desselben um die Kaiserkrone, dem Herzog Hermann
von Schwaben, der zugleich Landgraf vom Elsaß war,
abermals belagert, erstürmt, und durch Feuer und

Schwert faſt gänzlich verwüſtet wurde. Doch ver=
galt der ſiegreiche Kaiſer Heinrich der Stadt den um
ſeinetwillen erlittenen Schaden reichlich, und es begann
ſowohl unter den fränkiſchen wie unter den hohen=
ſtaufiſchen Kaiſern eine Blüthezeit Straßburgs, die
dadurch aufs Höchſte geſteigert wurde, daß König Phi=
lipp ſämmtliche Bürger der Stadt von allen Reichs=
laſten für ihre im Elſaß befindlichen, zahlreichen Güter
befreite. Doch war wider ſein Wollen und Wiſſen
darin ein Danaergeſchenk für dieſelbe enthalten, da in
Folge dieſer Abgabenfreiheit ein großer Theil des erb=
angeſeſſenen Reichsadels im Elſaß ſeinen Wohnſitz
in Straßburg nahm, um das dortige Bürgerrecht
nachſuchte und ſo den Grund zu den blutigen Ver=
faſſungskämpfen legte, welche die Geſchichte der Stadt
im dreizehnten und vierzehnten Jahrhundert im Wider=
ſtreit der Patrizier und Zünfte bewegten.

Das war in thatſächlicher Kürze zuſammengefaßt
der Rahmen, den die Darſtellungen des Magiſters mit
mehr oder minder ausgeführten, aber ſtets lebensvollen
Bildern verſahen, die ſowohl Wölflin als die der Oert=
lichkeit genau kundige Françoiſe hier und da noch
durch einige Einſchaltungen für Trifels zu verdeutlichen
vermochten. Dann unterbrach zum erſten Mal ſeit

geraumer Zeit die Stimme Margarite's die eintretende
Pause, indem sie sagte:

„Du hast uns schon seit längerer Zeit einmal die
Mittheilung eines besonders interessanten Vorfalls aus
der Periode, von der du zuletzt sprachst, verheißen, Onkel
Diepold. Mich däucht, der heutige Abend wäre be=
sonders geeignet, dein Versprechen zu erfüllen, damit
Herr Trifels daran Antheil nehmen könnte."

Die Stimme kam so rein und holdtönend aus dem
Halbdunkel, und es lag etwas in ihrem Klang, das
deutlich aussprach, die bisherige Schweigsamkeit des
Mädchens könne nicht aus Theilnahmlosigkeit ent=
sprungen sein, sondern es müsse die Worte des Er=
zählers mit vollstem Verständniß verfolgt haben, daß
Trifels überrascht aufblickte und auf dem ruhigen Ge=
sicht der Sprecherin eine Begründung dieses Empfindens
zu entdecken suchte. Der Alte schaute auf seine Uhr
und erwiederte erstaunt:

„Wie die Zeit am Sommerabend beim Wein und
in erfreulicher Gesellschaft verrinnt. Es ist für heut'
zu spät. denn meine Geschichte ist nicht kurz; doch
ich habe sie vor einiger Zeit aufgeschrieben, und wenn
du mich erinnerst, soll sie dir morgen nicht entgehen.
Für jetzt gebe ich dir nur den Rath, mein Kindchen,

geh zu Bett und sieh nicht zuvor auf die Uhr, damit du nicht erschrickst. Was ich erzählt habe, muß ja besonders interessant gewesen sein, daß du die Augen so lange über deine Zeit aufgehalten hast."

Der Sprecher war aufgestanden und legte bei den mit schalkhaftem Ton hervorgebrachten Worten die Hand auf die schöngerundete Schulter Margarite's, die, ohne zu antworten, ihren Kopf zutraulich wider seine Brust lehnte.

"Nun, kommen Sie nur mit der Sprache heraus, wie spät ist es denn?" sagte die Mutter lachend, "es ist besser, das Entsetzliche zu wissen, als in Ungewißheit zu schweben."

Trifels blickte ebenfalls auf seine Uhr. "Nach unserer badischen Zeit ist es einige Minuten vor Mitternacht."

Nun stieß Margarite einen komischen Schreckenslaut aus, und Frau Wölflin fuhr, dem jungen Gaste zugewendet, fort:

"Sie müssen wissen, daß unsere Tochter die volle Kindergewohnheit beibehalten hat, mit den Hühnern zu Bett zu gehn, oder wenigstens die Uhr niemals zehn schlagen zu hören. Freilich ist sie auch mit den Hühnern schon wieder wach, und wenn man dies innehalten will, muß man in der Jugend allerdings des Abends so streng auf den Glockenschlag halten, wie sie es sonst thut. Herr Diepold hat Recht, ich glaube, es ist seit Jahr und Tag nicht vorgefallen, daß sie so lange bei uns ausgeharrt."

„Es ist nicht so schlimm," meinte Françoise, „sie hat in den letzten Stunden sich schon ein kleines Portiönchen Schlaf vorweggenommen," doch stieß sie damit auf Widerspruch bei Trifels, der, sich an der allgemeinen Neckerei des Mädchens betheiligend, er=klärte, daß dasselbe die Augen nicht geschlossen habe, worauf seine Nachbarin schnell mit einiger Ironie ent=gegnete, daß sie selbst so scharfsichtigen Beobachtungen gegenüber in ihrer Behauptung keineswegs irre gemacht werde, da es ihr genugsam bekannt sei, daß Margarite manchmal wie ein Häschen mit offenen Augen schlafe, oder vielmehr die allerschönsten Träume gehabt zu haben erkläre, was wohl als ein genügender Beweis für den Schlaf angesehen werden dürfe.

Die Damen waren sämmtlich aufgestanden und verabschiedeten sich, während Herr Wölflin seinen Gast, der ebenfalls Miene zum Aufbruch machte, mit der Bemerkung festhielt, daß derselbe ihn und den Magister, die keine Hühner seien, doch nicht der eben

angebrochenen neuen Flasche gegenüber im Stich lassen
werde. „Im übrigen," fügte er, seiner Tochter die Hand
reichend, hinzu, „kannst du unbesorgt schlafen, unser
Gast wird hoffentlich nicht so unhöflich sein, uns da-
durch kund zu geben, daß unsere Gesellschaft ihm
Langeweile verursacht, daß er uns eher verließe, als
Diepold mit seiner versprochenen Erzählung Wort ge-
halten. Wir können dadurch zwei Fliegen mit einer
Klappe schlagen, indem wir die Geschichte als bestes
Mittel benutzen, euch beide unter uns festzuhalten:
Herrn Trifels vom Fortwandern und dich vom Hin-
aufhüpfen auf deine Stiege, Schneehühnchen."

Margarite lachte. „Da einmal jemand die Ziel-
scheibe eurer Klugheit abgeben muß, so will ich annehmen, daß meine weiße Kleidung den Grund ent-
hält, mich euch dafür passend erscheinen zu lassen, aber
es wäre billig, daß ihr die Kernschüsse dafür auch auf
Françoise's Schwärze richtet, die mich noch besonders
als einen jagdbaren Gegenstand zu kennzeichnen sucht."
Sie reichte Trifels freundlich die Hand: „Ich danke
Ihnen, daß Sie mich wenigstens vor dem schweren
Verdacht, von Onkel Diepold's Erzählungen in Schlaf
gewiegt worden zu sein, behütet haben. Ich nehme
das an, was Papa vorher gesagt, daß Sie uns nicht

9 *

eher verlassen, als bis der Onkel sein Versprechen er=
füllt hat, und hoffe, daß er jetzt nicht von seiner
Art abgehen und sich recht lange mahnen lassen wird,
ehe er es ausführt."

Wölflin hatte sein Glas an die Lippen gesetzt und
stieß es mit einem sprudelnden Lachen zurück. „Wenn
ich das irgendwo geschrieben sähe," rief er, „würde ich
darauf schwören, daß es meine Tochter gesagt. Also
das ist das Resultat deiner Erziehung, Freund Magister,
daß dein Zögling einem jungen Herrn am ersten Abend
seiner Bekanntschaft eine Liebeserklärung macht, wie
sie unverblümter in der Welt nicht gedacht werden
kann?"

Trifels wußte nicht, was er entgegnen sollte, doch
das Mädchen versetzte rasch: „Da haben Sie es
wieder, so wird man behandelt, wenn man es den
gewählten Reden der Leute einmal nachmachen und
sich in einer höflichen Wendung ausdrücken will. Nein,
da bleibe ich lieber bei meiner alten Weise und sage
geradaus, ich glaube unsere Augen verstehen sich recht
gut, und wenn Sie Lust dazu haben, wollen wir ein
Bündniß zu Schutz und Trutz gegen die lachlustige
Gesellschaft schließen, daß wir einmal sehen, wer das
letzte Wort behält, wenn nicht alle gegen Einen sind,

sondern man sich auf einen guten Genossen verlassen kann."

Sie sagte das mit so reizender Naivetät, daß ein freudig-stolzes Lächeln über das Gesicht ihres alten Lehrers spielte, der, ihr die goldbraunen Zöpfe neckisch um den Kopf schlingend, sie zärtlich auf die Stirn küßte. „Ja, ja," erwiederte er, „ich weiß wohl, Gretchen, es ist der Lauf der Dinge, daß die Küchlein, wenn sie flügge geworden sind, die Alten im Stich lassen und sich zu anderem Geflügel halten. Nun, versucht's einmal, ich habe nichts dagegen."

Sein Blick ruhte dabei mit Befriedigung auf dem jungen Fremdling und drückte noch mehr aus, als seine Worte sagten. Trifels hatte seine anfängliche Verlegenheit bemeistert und entgegnete, dem Mädchen klar in die schönen Augen sehend:

„Wenn Sie mich als Bundesgenossen wollen, so nehme ich Ihre Hand mit Freuden. Also treu und fest, zu Schutz und Trutz, gegen alle und jeden, für hier und wo wir uns im Leben wieder begegnen. Ist's so gemeint?"

Ihre Augen glänzten, wie sie ihm nochmals die Hand reichte. „Ja." Damit war das auffällige Intermezzo beendet, in dem die Uebrigen indeß, an das eigen=

artige, oft plötzliche und gänzlich unerwartete Ver=
fahren des Mädchens gewöhnt, nichts Seltsames zu
finden schienen. Nur Françoise, die sich schon zuvor
mit einer Verneigung gegen Trifels ohne weiteren
Gruß nach dem Hause zu entfernt hatte, rief nochmals
ungeduldig: „Komm doch!" Nun gingen die Frauen
und verschwanden in der Gartensaalthür.

Diepold blickte ihnen nach, bis sie sich außer Hör=
weite befanden, dann sagte er:

„Ich sehe an Ihrem Gesicht, daß das Benehmen
des Kindes Sie befremdet. Doch so ist sie und war
sie von je. Es kommt ihr gar nicht in den Sinn,
zu denken, wie lange Sie mit ihr bekannt, ob Sie
ihres eignen oder anderen Geschlechts sind; es kommt
plötzlich über sie wie mit jenem räthselhaften Gefühl
der Naturkinder, daß sie sich Ihnen verwandt empfindet
und dann kennt sie kein gesellschaftliches Herkommen
und keine Zaghaftigkeit und sagt es Ihnen gerade ins
Gesicht. So sonderbar es klingt, Sie können über=
zeugt sein, daß Sie von diesem Augenblicke an eine
treue Freundin in ihr besitzen, die keinerlei Gefahr
oder Mühsal scheuen würde, Ihnen, wo sie es ver=
möchte aus der Noth zu helfen. Darum hat mich die
freundliche Art, wie Sie auf ihre Weise eingingen,

herzlich erfreut. Man sagt, dem Fremden, den ein
treuer Hund des Hauses beim ersten Erblicken ohne
Murren als willkommenen Gast begrüßt, könne man
ruhig Vertrauen zuwenden; was ich sicher weiß, ist,
daß wenn Gretchen den Trieb empfunden, Ihnen in
solcher Weise entgegenzutreten, wir uns von jeder Befürchtung frei zu erhalten vermögen, daß Sie ihrem
Benehmen eine Mißdeutung unterlegen könnten. Sie
hat Ihnen das Recht gegeben, so lange Sie bei uns
verweilen, in freiester Weise mit ihr zu verkehren; benutzen Sie es, es ist das ehrendste Zeugniß, das Ihnen
Jemand in meinen Augen auszustellen vermöchte, und
verstatten Sie mir beizufügen, daß es eine Auszeichnung
ist, auf die Sie nach meiner Empfindung ein Recht
und eine Pflicht, stolz zu sein, besitzen."

Ein freudiger Stolz in den Zügen des Alten
lieh seinen letzten Worten noch mehr Nachdruck, doch
Trifels wußte nichts zu erwiedern, als eine allgemein
zustimmende Antwort zu geben. Er war verwirrt,
man sah, daß er nachsinnen mußte, ohne zu einem
Resultat gelangen zu können. Daß die sonderbar
zutrauliche Art Margarite's von der kurzen Unterredung herrührte, die er vorhin im Garten mit ihr
über die ihr unbekannten Verwandten jenseits des Rhei-

nes geführt, empfand er wohl, ja, wie er darüber
nachdachte, kam es ihm zum Bewußtsein, daß sie seitdem
den Abend hindurch ihre Augen aus dem Halbdunkel
am Tischrande nicht von ihm verwendet habe, daß er
ihnen, so oft er aufgeblickt, begegnet sei. Auch ein
Wort in den Erläuterungen des Magisters war ihm
aufgefallen und er konnte seine Gedanken nicht davon
losmachen. Ihm war wunderlich zu Muthe, als ob
ein Geheimniß in der Natur vorhanden sei, das sich
ihm durch dunkle Wirkung zum ersten Mal zu erkennen
gegeben, und das auf seine Sinne ungefähr den Eindruck
ausübte, wie wenn man im Frühling von heißer,
staubiger Landstraße in einen den Duft und die be-
lebende Frische des ersten Buchengrüns aushauchenden
Waldrand eintritt. Sein Herz klopfte nicht um einen
Pulsschlag stärker, wie er sich sagte, daß es gethan
haben würde, wenn Françoise sich ihm in solcher Weise
genähert hätte; was ihn erfüllte, war nicht der schwüle
Athem der Sommernacht, die über dem verdunkelten
Thale lag, sondern wie thauglänzende Morgenfrühe,
in deren Schönheit die Seele sich körperlos, ohne Verlangen als das der Fortdauer dieses unentweihten,
lieblichen Tagesbeginnes badet.

Sein Sinnen wurde durch einen vom Hause her

aufblitzenden Lichtreflex abgeleitet. Wie er den Kopf
wandte, verdroß es ihn jetzt faſt, nicht das weiße Kleid
Margarite's aufſchimmern zu ſehen. Es war eine
anfänglich nicht unterſcheidbare dunkle Geſtalt, dann,
als ſie ſich niederbückte, erkannte er aufs deutlichſte das
Profil Françoiſe's gegen das Licht, das ſo geſchickt ſtand,
als ob die Stellung deſſelben zu dieſem Zweck berechnet
worden wäre. Sie ſchien etwas am Boden zu ſuchen
und verweilte faſt eine Minute in der nämlichen Haltung,
dann kehrte ſie, ohne einen Blick in den Garten hinaus=
zuwerfen, ins Innere des Hauſes zurück.

So ſaßen die drei Männer, ihren Gedanken nach=
hängend, wie ein längere Zeit lebhaft geführtes Geſpräch
die Neigung dazu mit ſich bringt, eine Weile ſich ſchwei=
gend gegenüber und Herr Wölflin füllte nur als acht=
ſamer Wirth die ſich jetzt häufiger leerenden Gläſer.
Endlich lenkte der Magiſter durch eine Bemerkung auf
den durch den Aufbruch der Frauen verlaſſenen Gegen=
ſtand der vorherigen Unterhaltung zurück.

„Der Wein", ſagte er, „iſt nach einem guten Wort
des Alters Troſt, aber mir iſt er es beſonders. Keiner
mundet mir wie der unſeres Landes, ſo feurig und doch
mild, daß Karl der Große ſchon ihn vor allen ſchätzte
und er niemals auf ſeiner Tafel fehlen durfte. Er

stärkte das lebenstüchtige, gesunde und fröhliche Geschlecht, das hier erwuchs, und wenn Alles von unserer Vergangenheit verloren werden, der elsässische Wein ist sich und uns treu geblieben. Man hat manchen Versuch gemacht, ihn durch französische Waare mit hochtönenden Namen zu verdrängen, zu veredeln, wie man's in Paris nennt. Doch dies Rheinblut hat den Wälschen Widerstand geleistet, und das ist mein Trost. Es ist doch etwas, das uns verbleiben wird, ein Keim, aus dem noch einmal Gutes wieder zu gedeihen vermag. Ihre Gläser, meine Herren, der elsäßer Wein soll leben!"

Er stieß kräftig an die dargebotenen Gläser, das Feuer, das er dem Weine nachgerühmt, schien sich an ihm jetzt, wo die zweite Flasche auf die Neige ging, zu bewähren. Herr Wölflin entsiegelte, ohne daß Jemand Widerspruch erhob, die dritte; der Ausdruck seines Gesichts deutete darauf hin, als ob er eine Absicht dabei verfolge, deren Ausführung er sich vorgenommen.

„Wenigstens ist der Wein dir darin getreu, daß er dich stets auf die alten Gedanken zurückbringt, Freund Magister," sagte er in vertraulicherer Weise seine bisherige Anrede an den alten Freund vertauschend.

„In vino veritas." Der Alte leerte sein neugefülltes Glas. — „Das ist sein echtester Werth, das

Göttliche, das Deutsche in ihm. Er hehlt nicht mit
der Wahrheit, er löst zugleich die Zunge und den
Riegel, mit dem manches Ohr in der Nüchternheit
verschlossen ist. Es hat Stunden gegeben, wo er auch
deinen Geist, dein Herz aus den Nebeln, die du selbst
darum geschichtet, befreit hat. Stoß an, Wölflin!
Mir ist, als wäre unser Gast da ein Mahnbote, den
dir der Himmel von drüben zugesandt, ehe es zu spät
wird. Weißt du wohl, daß er mich oftmals in Gestalt
und Sprache seltsam an Ferdinand erinnert? Stoß an!
Wollen wir morgen, wenn es tagt, mit ihm über den
Rhein gehen und deinen Bruder aufsuchen? Ich habe
dir versprochen, als du mir das Kind anvertraut, es
nie ohne deine Einwilligung zu thun — gieb mir mein
Wort, nimm selbst das deine zurück und laß uns thun,
was in unserer Macht steht, den schönsten Tag morgen
feiern, den das Leben noch für uns beide aufbewahrt!"

Wölflin schien eine andere Wendung des Gesprächs
erwartet zu haben, denn auch er leerte sichtlich sein Glas,
um eine Erwiederung zu suchen, während Trifels mit
warmer Beredtsamkeit dem Alten secundirend beifügte:

„Thun Sie es, folgen Sie dem guten Wort! Ich
will Sie zu ihm führen, will Ihren Bruder vorbereiten.
Sein Starrsinn wird zerschmelzen, wenn Sie den ersten

Schritt thun, wenn Sie Ihre Tochter mit sich nehmen, sie ihm in die alten Arme legen —"

Er hielt plötzlich inne, als befürchte er, zu weit gegangen zu sein, als Fremder sich unbefugt in eine Familienangelegenheit gemischt zu haben. Herr Wölflin hatte sich gesammelt und es kam ihm offenbar erwünscht, dem jungen Mann, statt Diepold, in Form einer ablenkenden Frage erwiedern zu können.

„Ich glaube, Sie würden sich keinen Botenlohn verdienen, junger Freund," versetzte er. „Der Zufall von vorhin hat es gefügt, daß ich Ihnen die Gründe dafür nicht erst mitzutheilen brauche, da Françoise, freilich in ihrer gleichgültigen Weise, Sie mit den Verhältnissen vertraut gemacht hat. Sie wissen erst seit kurzem, daß es mir schmerzlich ist, wenn sie berührt werden, und ich verzeihe es Ihnen deshalb um so eher, als Sie durch eine Aehnlichkeit, die gleich nach Ihrer Ankunft auch meiner Frau bereits auffiel, mich in der That an meinen Bruder, wie er seit bald dreißig Jahren nur mehr vor meinem Gedächtniß steht, erinnert haben."

In den freundlich gesprochenen Worten lag eine entschiedene Ablehnung des von Diepold an ihn gestellten Ansinnens, mit einer deutlichen Weisung verbunden, daß dieser genaue Kenntniß seines Wesens genug besessen, um ihm das Schmerzliche der Erwiederung ersparen zu können. Der Alte verstand es und griff in der nach den letzten Worten eintretenden peinlichen Stille nach seinem Glase, während der Hausherr, gewandt überlenkend, mit der Frage fortfuhr:

„Ihr Anerbieten, mir als Führer zu meinem Bruder zu dienen, ruft mir übrigens Ihre Worte von vorhin im Garten zurück, die unwillkürlich den Eindruck erregten, als müsse derselbe Ihnen nicht ganz fremd sein. Man hat mir erzählt, ich solle drüben eine hübsche Nichte, ungefähr im Alter Margarite's, besitzen — könnte vielleicht zwischen ihr und Ihrer gütigen Bereitwilligkeit ein weiterer oder engerer Zusammenhang bestehen?"

Der junge Mann erröthete heftig und entgegnete schnell, doch mit niedergeschlagenen Augen: „Da ich annehmen durfte, daß Ihr Bruder denselben Namen führt und es mir bekannt ist, daß ein Herr, Namens Wölflin, drüben mit seiner Familie im Gebirge wohnt, von dem man sagt, daß er um eines Streites über Straßburg willen aus dem Elsaß ausgewandert sei —"

„Ueber Straßburg?" fiel Herr Wölflin, einen scharfen Blick auf den Sprecher werfend, ein, „ich erinnere mich nicht, daß Françoise dessen Erwähnung gethan, denn sie könnte nicht dazu im Stande sein, weil Niemand darüber je etwas erfahren, als mein Vater und ich —"

„Und ich," ergänzte der Magister plötzlich. „Lassen Sie sich nicht irre machen, Sie haben Recht, es war so, war über Straßburg. Viele Jahre hatten den Brenn= stoff gesammelt, aber der Funke, der hineinflog und ihn in Flammen setzte, hieß Straßburg. Glauben Sie mir, ich kenne meinen Schüler aus den Zeiten, da wir beide jung waren, kenne ihn in Manchem vielleicht besser als er selbst und weiß, daß er im tiefsten Herzen den Namen der Stadt, die Sie genannt, verabscheut, daß ihr Anblick ihm Thränen in die Augen lockt. Wissen Sie, wie Straßburg an Frankreich kam?"

Die Frage reihte sich unerwartet und für Trifels' Verständniß zusammenhangslos an das Voraufge= gangene, daß er den Alten, dessen Augen mehr und mehr vom Feuer des genossenen Weines blitzten, etwas verwundert anschaute und erwiederte, er habe nur im allgemeinen Kenntniß davon, das Straßburg im Jahre 1681 durch die Willkür Ludwig's XIV. dem deutschen Reiche genommen worden. Die Einzelnheiten, auf welche die Frage sich zu beziehen scheine, seien ihm jedoch nicht gegenwärtig.

„Nun, so will ich sie Ihnen, als Abschluß des Ge=
sprächs, das wir heut Abend mit öfteren Unterbrechungen
geführt, kurz mittheilen," fuhr Diepold, einen hastigen
Blick auf den wieder stumm sein Glas leerenden Zög=
ling und Jugendfreund werfend, rasch fort, „und Sie
werden den Zusammenhang meiner Frage mit dem,
was ich zuvor gesagt, begreifen. Sie wissen, daß die
Niederträchtigkeit des westfälischen Friedens das Land
und die meisten übrigen Reichsstädte des Elsaß an
Frankreich verrathen hatte. Nur Straßburg gehörte
noch zum Reich, aber das Reich, oder vielmehr der
habsburgische Kaiser, war mit dem Krieg gegen die
Türken beschäftigt, den französische List hervorgerufen
hatte, als in der Nacht des 26. September des Jahres
1681 ein französischer Oberst, Namens d'Asfeld, ohne
voraufgegangene Erklärung verrätherisch von der Rhein=
seite aus in eine Anzahl von Schanzwerken eindrang
und die darin befindliche geringe Besatzung zu Ge=
fangenen machte. Zwischen Frankreich und Deutschland
herrschte um dieselbe Stunde der tiefste Friede, ein
Friede, ebenso tief als der, aus dem jetzt um Mitter=
nacht die Sturmglocke Straßburg's Bürger aus den
Betten auf die Wälle der Stadt rief. Sie rüsteten
sich zu muthigstem Kampf gegen die heimtückische Schur=

kerei der Ueberfallenden. Da sandte im Morgengrauen
der französische Oberst einen Boten an sie ab mit
der Erkärung, es komme seinem großmächtigen Herrn
und König nicht in den Sinn, feindlich gegen Straß=
burg, für das er die freundlichsten Gesinnungen hege,
zu handeln, sondern er habe die Besetzung der Außen=
werke der Festung nur vollzogen, um der Stadt Schutz
gegen ein heranziehendes kaiserliches Heer zu leisten.
Freilich befand sich auf dreißig Meilen in der Runde
kein kaiserlicher Soldat, aber der Oberst Ludwig's XIV.
bedurfte noch der Frist, welche die Lüge ihm verschaffte,
um die Stadt enger mit Truppen zu umschließen.
Und die Bürger ließen sich täuschen, noch einen Tag
und eine Nacht lang und verhandelten hin und her,
statt zu kämpfen und die Räuber wieder aus den
Schanzwerken zu vertreiben, bis am Morgen des 27.
September noch ein Heer von Süden heranzog und
der General Montclan, die Maske abwerfend, an die
Stadt die Aufforderung richtete, ihm gutwillig die
Thore zu öffnen und sich der französischen Hoheit zu
unterwerfen. Wenn dies nicht geschehe, so habe sein
großmächtigster Herr und König befohlen, die Bürger
der mit Sturm eroberten Festung nicht als gewöhn=
liche Feinde, sondern als aufrührerische Unterthanen

zu behandeln. Der Magistrat erwiederte, Straßburg sei freie Reichsstadt, nur dem Kaiser unterthan, und nicht der Schatten eines Rechts für Frankreich vorhanden, es im vollsten Frieden mit Gewalt zu überfallen. Doch die Antwort lautete, daß dies den General nicht kümmere, der Befehl vom König erhalten, sich der Stadt zu bemächtigen. Jammer und Verzweiflung füllte auf diese Erwiederung hin die Gassen, Rufe ertönten, sich bis zum letzten Blutstropfen zu vertheidigen, Muth und Hoffnungslosigkeit wechselten, so verrann die Nacht. Und als der Morgen des 28. September kam, öffnete der Magistrat die Thore von Straßburg — er hatte erwogen, daß der bedrängten, verrathenen Stadt von nirgendher Hülfe zu kommen vermöge, daß die waffenfähige Bürgerschaft, durch herrschende Seuchen geschwächt, mit der geringen Truppenzahl von achthundert Mann Besatzung nicht im Stande sei, die umfangreichen Wälle auch nur einen Tag gegen das vierzigtausend Mann starke Heer des Feindes zu schützen, daß die Stadt in Flammen aufgehen, die Frauen und Kinder der zügellosen Willkür der Eroberer anheimfallen würden — und Verzweiflung im deutschen Herzen, ließ er die Thore öffnen, die Regimenter Frankreichs zogen mit klingendem Spiel durch

die Gaſſen, und Straßburg war vom deutſchen Vaterlande abgeriſſen, eine franzöſiſche Stadt.

„Und um einen Monat ſpäter hielt der großmäch-
tigſte Herr und Beſchützer derſelben, der allerchriſtlichſte
König und gekrönte Dieb Ludwig XIV. ſeinen Ein-
zug in Straßburg. Am Thore aber empfing ihn der
Biſchof der Stadt, aus dem deutſchen Geſchlecht der
Fürſtenberge, und begrüßte ihn gebogenen Knie's mit
den Worten:

„ ,Herr, nun läſſeſt du deinen Diener in Frieden
fahren, denn meine Augen haben deinen Heiland ge-
ſehen!'

„So, mein Freund, ward Straßburg eine franzöſiſche Stadt. Und als wir vor dreißig Jahren eines
Abends zuſammenſaßen, der Vater meines Freundes
hier, er ſelbſt, ſein Bruder und ich — durch andere
dreißig Jahre lag der Brennſtoff zwiſchen ihnen auf-
gehäuft — da ſprach Ferdinand Wölflin, von den
Anderen herausgefordert, wie ich es Ihnen geſagt;
aber von der Gleichgültigkeit der Hörer gereizt, von
ihren lächelnden Geſichtern empört, vielleicht von dieſem
deutſchen Wein, den auch er getrunken, rückſichtslos
fortgeriſſen, ſetzte er hinzu: Ein Feigling und ein
Schurke ſei der Elſäſſer, der den Verrath, den Frank-

reich) an Straßburg und an seinem Vaterlande begangen,
vergessen und vergeben könne, der heut gemeinsame
Sache mit den Nachkommen der Unterdrücker und den
Nacheiferern jenes fluchwürdigen Bischofs mache, dessen
einziges Streben nicht die Wiedererlangung der Freiheit
und die Wiedervereinigung mit den Stammesgenossen
jenseits des Rheines sei. Ein solcher erkläre sich deutschen
Namens, einer deutschen Mutter und deutscher Liebe
unwerth, selbst ein treuloser Verräther, trage er das
Kainsmal auf der Stirn —

„Ich sehe es noch, wie die Anderen, besinnungs=
losen Zorn in den Augen, gegen den Besinnungslosen
aufsprangen, wie der jüngere Bruder hier an Ihrer
Seite sich drohend vor ihm emporrichtend, auf seine
letzten Worte mit zitternden Lippen fragte: ‚Wo —?‘

„‚Da!‘ rief Ferdinand Wölflin, und schlug ihm
mit der Hand ins Gesicht.“

Der Alte hielt einen Augenblick inne, dann setzte
er ruhiger hinzu: „Ich habe, da Sie von dem
Familienzwist dieses Hauses zum Theil unterrichtet
waren, es für meine Pflicht gehalten, Ihnen seinen
Ursprung unverhüllt mitzutheilen, damit Sie nicht
zu hart über die Unversöhnlichkeit, die Wölflin eben
an den Tag gelegt, urtheilen. Er wird es mir ver=

zeihen, denn seine Worte machten es dem Freunde uner=
läßlich."

Er schwieg. „Du siehst, daß ich dich nicht unter=
brochen," nahm Herr Wölflin mit sichtbar erzwungener
Gelassenheit das Wort, „ich denke, du wirst das aner=
kennen und mir gegenüber ebenso handeln. Seitdem
Sie mein Haus betreten, Trifels, und besonders seit
Diepold hinzugekommen, liegt etwas Unbestimmtes, et=
was Ungesagtes und deshalb Drückendes zwischen uns,
das ausgesprochen werden muß, wie es nöthig ist, daß
ein Blitz aus der schwülen Luft herabfährt, damit dieselbe
wieder gereinigt wird und der Lunge zuträglich ist.
Diepold hat Ihnen jetzt und zuvor erzählt, wie das
Elsaß und seine Bewohner durch Gewalt und Verrath
französisch geworden, aber er hat vergessen beizufügen,
wie wir Menschen wurden. Deshalb nöthigt seine
Vergeßlichkeit mich dazu, dies nachzuholen. Was ich
Ihnen mittheile, habe ich nicht mehr erlebt, mein
Bruder auch nicht, doch mein Vater. Noch vor achtzig
Jahren gab es keine Franzosen hier im Elsaß, sondern
nur Deutsche, nicht allein der Sprache, der Sitte und
Art, auch der Gesinnung nach, die Deutschland nie
vergessen und im tiefsten Herzen der Wiedervereinigung
mit dem Reiche stets gedachten. Sie thaten es umso=

mehr, als es ihr einziger Trost im unwürdigsten Zustand über ihnen herrschender Willkür war, denn in
Frankreich wie in allen deutschen Landen war Bürger
und Bauer rechtlos und schutzlos den Launen, Privilegien
oder Hoheitsrechten des Feudaladels gegenüber, und so
bei uns. Das Elsaß zerfiel in zahllose Herrschaften,
es gab in ihm keine Leibeigenschaft dem Worte nach,
doch der That nach bestand sie, und der König in
Paris schützte uns so wenig gegen das souveraine
Belieben unserer Herren, wie drüben das Reichskammer-
gericht in Wetzlar das deutsche Volk gegen die seinen.
Sie hatten oder nahmen sich Macht über Acker und
Ehe, über Besitz und Leben. Sie warfen den, welchen
Sie berauben wollten, oder dessen Gesicht ihnen nicht
gefiel, in den Thurm und ließen ihn lebendig verfaulen;
sie nahmen des Bauern Weib und Tochter, die ihnen
gefiel, sein Gespann, Rind und Haus und lachten zu
seinen Klagen, und ließen ihre Richter verkünden, daß
sie ein heiliges Recht darauf besäßen; und wenn die
Beschwerden des Unverschämten trotzdem nicht still
wurden, so ließen sie einen Galgen aufhöhen und ihn
kraft eines anderen Richterspruches daranhängen. So
war es in Deutschland, in Frankreich, im Elsaß im
vielgepriesenen vorigen Jahrhundert. Da brach, eben

deshalb, in Paris der Sturm aus, der auch uns befreite, weil wir zu Frankreich gehörten. Wir erlangten
Antheil an den Rechten, welche die Revolution für das
unveräußerliche Eigenthum jedes Menschen erklärte, wir
wurden der Herrenwillkür ledig, frei und gleich. Doch
trotzdem waren wir undankbar, wir hatten unserer
Nationalität nicht vergessen, und als die deutschen
Heere, die Revolution zu bekämpfen, in das Elsaß ein-
brangen, begrüßten wir sie als Befreier vom politischen
Joche, das noch auf uns lastete, als Brüder und freudige Boten der Wiedervereinigung mit Deutschland.
Da antworteten die Brüder, daß sie als Morgengabe
der neuen Verbindung uns unsere Herren, die wir
verjagt, zurückbrächten, daß es bei uns wieder sein
müsse, wie es drüben geblieben, damit die Unterthanen
wahrhafte Bürgschaft des Glückes besäßen, daß Lehns-
recht und Thurmlöcher, Richterperrücken und Galgen
wieder unter uns aufgerichtet werden müßten. Mein
Vater war jung um die Zeit und hat mir's erzählt,
wie am Tage nach dieser Erklärung die Bauern und
Bürger des Elsaß sich in Busch und Feld zusammen-
gerottet und den freigebigen Brüdern die Antwort darauf
ertheilt. Da kam Mancher nicht über den Rhein zurück,
sondern blieb im Waskenwald liegen, weil eine Axt

ihm das Hirn zerschmettert, oder eine Kugel hinter der
Weinbergsmauer hervor ihm durch den Leib fuhr, denn
die Bewohner des Landes standen auf wie ein Mann
und riefen: ‚Lieber französische Bürger als deutsche
Sklaven!‘ So riß das alte Band zwischen uns und
Deutschland durch Deutschland, und wir wurden Fran=
zosen, weil wir Menschen sein wollten. Das wußte
mein Bruder, wie Jeder es bei uns weiß. Und er
wußte mehr, denn mit eignen Augen sah er das hohle
Nichts, als das deutsche Reich aus einander brach, er
sah, wie das Volk, als es sich aus den Ketten, die
Frankreich ihm zehn Jahre lang geschmiedet, durch Ruß=
lands und seiner Winterfaust Hülfe endlich zu lösen
vermochte, von seinen Fürsten wiederum betrogen wurde
und sich betrügen ließ — er sah die zum Gespött ge=
wordene Ohnmacht des deutschen Bundes nach außen
und die Verfolgung jeder Freiheit im Innern, die
Herrenwillkür, die Priesterwirthschaft, die Menschen=
unwürdigkeit wie im verronnenen Jahrhundert. Er sah
es, und als er uns dem allen zum Trotz zurückführen
wollte um eines Namens willen, da sagte ich ihm, der
Elsässer, der jetzt uns noch von Frankreich abzutrennen
strebe, sei ein Narr oder ein Verräther an der Wohl=
fahrt seines Volkes!‘“

Herr Wölflin war heftig mit geröthetem Gesicht vom Stuhle aufgesprungen; seine Züge hatten mehr und mehr einen erregten und' zornigen Ausdruck angenommen, und indem er die letzten Worte mit einem Schlage auf den Tisch begleitete, schleuderte er sie gleichsam, als für den Augenblick ebenso gültig wie vor dreißig Jahren, dem Magister entgegen, der erblassend sich ebenfalls erhob und ihm regungslos und sprachlos in die Augen starrte. Der Wein hatte sich Beider offenbar bemächtigt, daß sie eine seit langen Jahren zwischen sich gezogene Grenze überschritten und um des anwesenden fremden Zeugen willen nicht mehr zurückkonnten.

Trifels saß stumm und aufs peinlichste bewegt; er fühlte, daß er der unverschuldete Urheber des Vorganges gewesen, und er sah, daß es in dem Arm des Alten krampfhaft zuckte, daß er denselben besinnungslos emporhob —

Der junge Mann sprang plötzlich angstvoll auf und faßte begütigend seine Hand. Nun fuhr der Magister zusammen und glitt 'hastig mit den magern Fingern über die Augen, aus denen ihm Thränen über das Gesicht herabfielen.

„Das war nicht recht, Wölflin," sagte er mit zitternder Stimme, „ich bitte dich, nimm das zurück. Du kannst es zurücknehmen, denn ich bin dein Gast, und es schändet einen Deutschen nie, wenn er die Beleidigung widerruft, die er einem Gaste zugefügt."

Doch Wölflin war die unwillkürliche Bewegung des Alten, an der Trifels ihn gehindert, nicht entgangen, und sie hatte seine Heftigkeit gesteigert.

„Wenn du dem Beispiel meines Bruders folgen willst," erwiederte er herausfordernd, „so wage es; ich habe den Vortheil, daß du nicht mein Bruder bist. Ich achte keinen Gast, der meiner Heimath Feind ist, von dem ich weiß, daß er bestrebt ist, ihr zu schaden. Ihm gegenüber hört das Gastrecht auf und die höhere Pflicht beginnt."

Diepold zwang sich gewaltsam zur Ruhe. „Es ist das Vorrecht meines Alters, deine Worte zu vernehmen, wie du vorschnelle Unbedachtsamkeit der Jugend anhören würdest," sagte er. „Dem, der am Rande des Lebens steht, darf ein halbes Jahrhundert mehr gelten als ein Augenblick; wiederhole mir morgen im Tageslicht, was du gesagt, wenn du es wünschest, daß ich allein zu Ferdinand's Kindern hinübergehe. Du mußt es mir schon verzeihen, ich habe seit fünfzig Jahren nicht daran gedacht, daß ich mir einen Zufluchtsort außerhalb deines Hauses erwerben müsse, und ich brauche vielleicht doch noch ein paar Jahre einen Fleck, um meinen

Kopf darauf zu legen, einen Tisch, um daran zu sitzen,
und ein Herz mit alter Liebe darin. Ich glaube nicht,
daß Ferdinand mich von seiner Thür weisen wird,
wenn ich komme und ihm sage, daß es mir ergangen
wie ihm, daß ich aus der Heimath mit grauem Kopf
fortgemußt, weil ich sie zu sehr geliebt. Ich bin ja
noch nicht so stumpf, daß ich nicht noch einmal von
vorn beginnen und meinen Unterhalt mir an seinen
Kindern, oder den Kindern seiner Kinder abverdienen
könnte — gute Nacht.

Er brach den letzten Satz mit einem unwillkürlichen
Zucken der Mundwinkel ab, reichte Trifels die Hand,
drückte sie krampfhaft und ging langsam auf das Haus
zu. Herr Wölflin stand mit niedergeschlagenen Lidern
auf den Tisch starrend, dann trat auch ihm eine lang=
sam hervorquellende Thräne an die Wimper, er wendete
den Kopf und rief halblaut Diepold's Namen. Doch
der Alte hörte ihn nicht mehr, und er murmelte vor
sich hin: „Nein, er darf es nicht, gerade in diesem
Augenblicke nicht —“

Nun sah er auf und in Trifels' schweigsam ver=
legenes Gesicht. Er zwang sich zu einem Lächeln und
sagte: „Wir sind wie zwei von den harten verschiedenen
Holzarten, mit denen wir als Kinder den Wilden nach=

zunahmen und durch Reiben sie zu entzünden suchten
Es gelang uns nie, nun hat's endlich doch einmal
Feuer gefangen —"

Er griff umherblickend nach seinem noch halbge-
füllten Glase und schleuderte es mit dem Inhalt heftig
zu Boden, daß es in Stücke zerbrach. „Ich habe es
immer gesagt," fuhr er fort, „es steckt kein guter Geist
in dem elsässer Wein, man weiß nie, wenn man sich
hinsetzt und von ihm trinkt, was der andere Tag
bringt. Und gerade dieser Tag —"

„Ich glaube, er ist schon ziemlich lange angebrochen,"
brach er den begonnenen Satz ab, „und es ist am
klügsten, zu Bett zu gehen; was morgen sein wird,
muß sich zeigen."

Trifels stimmte dem bei und sein Wirth geleitete
ihn ins Haus, die Treppe empor in das hochluftige
Gastzimmer, wünschte ihm dort, sichtlich mit sich selbst
unzufrieden, gut zu schlafen und verließ ihn. Der
junge Mann trat an das offene Fenster, das nach
hinten, auf die Terrassen hinaussah, wo er die beiden
jungen Mädchen am Abend zuerst gewahrt. Die Nacht
war dunkel, doch undeutlich unterschied das Auge noch
die Umrisse des höheren Berges, der sich über den
Rasenabstufungen erhob. Auch Trifels war nicht mit

sich zufrieden und ging, anstatt das Bett aufzusuchen,
im Zimmer, dann und wann ans Fenster tretend,
auf und ab. Unendlich viel drängte sich in seinem
Kopfe, das am Morgen, als er zum letzten Mal in
Straßburg das Bett verlassen, für ihn noch nicht in
der Welt vorhanden gewesen. Er wiederholte sich Alles,
was er seit dem Augenblick, in dem er von dem Chaussee-
stein aufgesprungen, um die zügellosen Pferde zu hemmen,
erlebt, und er nannte sich arglistig und falsch und griff
zuletzt in schneller Anwandlung nach dem Licht, um
seinen Wirth aufzusuchen und durch offenes Aussprechen
sich sofort von einer Last, die sein Gewissen drückte,
zu befreien. Dann sagte er sich an der Thür, er sei
erhitzt und 'halb vom Wein berauscht, morgen werde
er klarer sehen und handeln, und er setzte das Licht
zurück und trat wieder ans Fenster, die hereinströmende
kühle Nachtluft zu athmen. Vor sein geistiges Auge
traten die Gestalten der beiden Mädchen, wie sie über
die Terrassen herabgekommen, ihm war, als sähe er
trotz dem Dunkel das weiße und das schwarze Kleid
mit den von ihnen unzertrennlichen blauen und schwarzen
Augen, und das wohlthuend 'thaufrische Gefühl kam
ihm wieder, das aus Margarite's Hand die seine gleichsam bis zur Stirn hinauf durchflossen, und gleich

darauf der elektrische Schauer, der aus dem streifenden
Hauch der Finger Françoise's ihm alle Adern bis ins
Herz hinein durchronnen. Er fühlte, daß sich das
Blut in ihnen bei dem erneuten Gedanken heftiger bewegte — bildete es ihm Visionen vor den Augen, daß
er jetzt im Dunkel des Gartens drunten einen leichten
helleren Streifen, den er zuvor nicht bemerkt, zu unterscheiden glaubte? Unwillkürlich heftete er den Blick
fester darauf; der Schimmer zerrann nicht, er lag unbe-
zweifelbar auf einem dichten Bosquetstrauch, dessen
Blätter das sich an die Dunkelheit gewöhnende Auge
sich leise in der Nachtluft bewegen sah. Aus einem
Zimmer des Hauses, unfern dem des Gastes, mußte der
Lichtschimmer hinausfallen; Trifels fühlte plötzlich sein
Herz noch vernehmlicher schlagen, er sah hinausgebückt,
daß ein starkes Spaliergitterwerk, an dem sich selten-
dickstämmiger Wein hinaufrankte, die ganze Breite dieser
Seite des Hauses überzog. Ehe er wußte, was er
that, hatte er sich über den Fensterbord geschwungen
und prüfte die Stärke des Holzgitters mit dem Fuße. Es
krachte leise, doch es hielt, und gewandt, ohne sich Zweck
und Gefahr seines Thuns klar zu machen, setzte er, wie
von einer nachtwandelnden Idee getrieben, seine toll-
kühne Wanderung an der Steinmauer des Hauses fort.

An einem festgeschlossenen, dunklen Fenster vorüber, dann kam der Lichtschein näher. Er ward heller und ließ unterscheiden, daß die Fensterflügel, durch die er hinausfiel, geöffnet standen; das Weinlaub vor ihnen, das der Wind ab und zu rührte, erklärte das Flimmern drüben auf dem Bosquet. Athemlos streckte der seltsame Nachtwanderer den Kopf empor und blickte, die Blätter vorsichtig zur Seite biegend, in das nur theilweise von einer Kerze erhellte Gemach.

An einem Tische, auf dem sich das langzüngelnde Licht befand, saß Françoise und schrieb eifrig auf ein vor ihr liegendes Blatt. Die Feder glitt schnell darüber hin; manchmal hielt sie inne, und das Mädchen sann, den Kopf in die Hand stützend, einen Augenblick nach. Sie war halb in Nachtkleidung, ihr Haar fiel gelöst über den entblößten Nacken und bis auf den Stuhl hinab; wenn sie es mit einer Bewegung aus der Stirn warf, glitten die gestickten Aermel der feinen Leinwand, die ihren Oberkörper lose umhüllte, von der Schulter, und sie zog sie instinctiv mit einer anderen Bewegung des glänzenden Oberarms wieder in die Höhe.

Françoise war sehr schön, weit schöner noch so, als in der eleganten Toilette des Abends. Der Lauscher wendete mit fiebernder Stirn den Blick nicht von ihr;

sie saß seitwärts und ihr nachdenkliches Gesicht bot ihm unausgesetzt ihr klassisches, wie aus Stein gemeißeltes, voll vom Licht bestrahltes Profil.

Was that sie? Schrieb sie einen Liebesbrief? Was sonst vermochte ein junges Mädchen zu veranlassen, lange nach Mitternacht noch zu schreiben?

Es war ein unnennbarer, Eifersucht beginnender Drang, der Trifels um jeden Preis zu erfahren begehren ließ, was sie schreibe. Um einige Staffeln höher mußte er deutlich auf das Papier hinunterzublicken vermögen, und er tastete vorsichtig mit dem Fuße empor.

Da krachte drohend die Latte, auf der sein andrer Fuß ruhte. Sie brach nicht, sie warnte nur, doch Françoise fuhr erschreckt mit dem Kopf herum und blickte nach dem Fenster. Zugleich faßte sie unwillkürlich hastig mit der Hand nach dem beschriebenen Blatt und sprang, einen Schrei ausstoßend, auf.

Trifels umfing mit trunkenen Augen ihre schlanke, leichtbekleidete Gestalt. Dann griff er besinnungslos nach der Rose, die sie am Abend im Dunkel an seinem Rocke befestigt und die er plötzlich im auf ihn fallenden Lichtschein noch an sich gewahrte. Er warf sie durchs Fenster vor die Füße des Mädchens und flog wie im Taumel wieder an dem Gitterwerk entlang, an dem dunklen geschlossenen Fenstern vorüber, in das seine aufgeregten Sinne ihm jetzt ebenfalls einen weißlichen Schimmer hineinzauberten, bis an sein Gemach, das er glücklich erreichte. Dort schwang er sich hinein und löschte das noch brennende Licht, ehe er sich entkleidete. Dann blickte er noch einmal zum Fenster hinaus. Der matte Schein auf dem Bosquetstrauch war verschwunden, und er warf sich mit glühenden, anklagenden Schläfen aufs Bett und sank in unruhvollen, von Traumbildern verfolgten Schlaf.

Ende des ersten Buches.

Druck von J. B. Hirschfeld in Leipzig.